85 Days in Marienfelde

江丽 / 著

马林菲尔德的 85 天

©团结出版社，2025 年

图书在版编目（CIP）数据

马林菲尔德的 85 天 / 江丽著. -- 北京：团结出版社, 2025.8. -- ISBN 978-7-5234-1829-1

Ⅰ. C91

中国国家版本馆 CIP 数据核字第 202565P26A 号

责任编辑：赵广宁
封面设计：谭　浩

出　　版：团结出版社
　　　　　（北京市东城区东皇城根南街 84 号　邮编：100006）
电　　话：（010）65228880　65244790
网　　址：http://www.tjpress.com
电子邮箱：zb65244790@vip.163.com
经　　销：全国新华书店
印　　装：北京澎湃慧渊印务有限公司

开　　本：130mm×210mm　　32 开
印　　张：7.75　　　　　字　　数：166 千字
版　　次：2025 年 8 月 第 1 版　印　　次：2025 年 8 月 第 1 次印刷

书　　号：978-7-5234-1829-1
定　　价：68.00 元
　　　　　（版权所属，盗版必究）

序　言
她植入的每一份心智都在纸页间发芽

华　静

　　女学者江丽的随笔集《马林菲尔德的85天》即将付梓。当收到她传来的书稿时，我认真地读了进去。

　　在我最初的印象里，江丽是一个博学、率真的人，此书的结集成册并出版，却又让我看到了她的执着、坚韧，也看到了她的清醒、自强。从一个层面映照出她的成长经历、情感倾向、生命自省和审美态度。

　　生活细碎，万物成诗。她没有放大体验场景，而是用细节描述还原一种"发现"，然后，让那些曾被忽视的浮光碎影在她的文字里找到了归处，成为观察世界生活的"窗口"。

　　她奉献给读者的这本书，不仅仅是85天的时光札记，更记录着她在马林菲尔德85天的工作学习生活与一纸晨昏琐记。

　　我之所以说"读了进去"，基于对这位女学者丰富多彩生活的一种好奇。印象里的江丽是一个活跃在科技领域的学者，虽然之前也听说过她涉猎广泛，比如在书法等方面有着不俗的表现，但当听到她准备把她在德国马林菲尔德仅仅85天的经历写下来并结集成册的时候,我还是被震撼到了。

如今,中国学者走出国门的机会很多,与国际各行业的学术交流也在深入,出访纪行也就从一个崭新的视角显示出访的目的和过程;行程结束,行囊中,往往会多了一项又一项沉甸甸的成果。

实际上,专业人员写属于自己业务范畴的事更有先决条件。只是,他们平时太忙了,根本抽不出精力来"做文章"。因此,像江丽这样在工作之余勤学善用,不忘专注于文学写作,就更显得难能可贵。

《马林菲尔德的85天》收录了江丽作品共23篇,以随笔的形式写下了她在德国工作期间所感受到的异国民情、马林菲尔德风情、旅德心情。

在这本书里,也可以读到江丽近年来的生活和写作轨迹。

每一篇文章,涵盖了江丽的生活见闻、社会调研等主题。有具体的细节,有真实的情节,有工作本身的光芒。其文风真挚朴实,充满情感,字里行间有着对人生的感悟,以一种本能的敏锐,把她对细节的捕捉,以及对并不相干的普通人都投以关切的目光。即使在默默地观察中,她也感同身受着他们的情绪,体察他们的一言一行,一颦一笑。她用充满人性温度的讲述,尽显一位女学者独具魅力的精神世界。

江丽的这本随笔在文体上更近于纪实见闻和杂感,写作手法上有几处还贯穿着"论文"元素,以立论为主,篇幅短小,间或以辩证思维做文章。但能够读出其间她想表达的那种绵长深厚的生活质感。

在江丽笔下,85天异国他乡的工作和生活让她多了观察中外文化融合的一种视角，也让她邂逅了更多美好。她只是把她在原本陌生的马林菲尔德85天的经历中看到的、听到的一切还原给读者，给足读者空间，让他们在读过之后感慨：原来德国人是这样生活的。

露天音乐会，教堂演唱会，见面礼仪，厨房社交，跳蚤市场，农夫市场，廉价超市……每一场景的温和叙事，从她的文化蕴含和审美价值的眼光看去，让日常见闻有了"光"。

台湾编辑家封德屏说过："文学的年代不再黄金，更换不了白银；但不管日升月落，在这里，总还有一群老农，一字一句，种春风，种清泉，种暖流。"

多角度书写马林菲尔德的生活场景和景象，书写普通人面对生活现实的隐忍之美，每一篇文充盈着学识、思想、生活经验和独特的情感体验。她写得朴实、凝炼、真切。同时，江丽也把她自己对生活的反思在换了一个空间后重新回到生活之中。

生活书写，赋予了江丽作为一个写作者在叙事层面的故事元素，使她"热爱生活"的潜在情绪获得了释放。她并不觉得缺乏写作素材，因为从她在马林菲尔德有限的85天经历写起，可以看到她不断向社会纵深挖掘，与此同时也以纵深的眼光打量与她交往的同事、邻居及其友人的生活与经历。

江丽在马林菲尔德感受到浓厚的参与感，投入到真实的生活中去，而德国公共社会文化空间无疑成为她获得愉悦体验和精神滋养的绝佳场所，她希望自己不仅能学到社会知识、提升认知品位，也可以是一种"享受"，对着马林菲尔德将思绪放空，在特定的场景中构建属于她自己的独特回忆。

讲身边的故事,与读者分享85天的记忆,分享自己和身边人们的人生,江丽在自觉和不自觉之间,回到了写作初衷。

在一个陌生的环境里构建一个新的自我并不容易。因为,江丽笔下的文字不是空间叙事。从那些碎片的时光里,能够看到她的理解和勇气。

行走马林菲尔德的每一处,江丽一路看,一路记,一路思考。她专注于写作和社会调研,以几近沉浸式文化之旅的方式展开。她遇到的每一个人,遇见的每一处场景,在她的文中都有落笔。笔墨之外,延续马林菲尔德的故事。她记录的众多人,形象丰满鲜明。她在观察生活体验生活中"找寻"一种观念。实地考察,现场体验,异乡为客,但她投入其中。

隔着85天的时光细读江丽,她其实在向无限的远方敞开心扉。

记得去年我读过一篇有关宁波画家贺慕群的报道,说她在法国生活了37年,时常一杯水、一个面包便可在画室度过一天。世人眼中的巴黎总是灯火通明、热闹非凡,关乎爱情与名利。而贺慕群笔下的巴黎,没有埃菲尔铁塔、没有咖啡店,有的是充饥的食物、劳作的背影,对社会底层人物的关照、对平凡的尊重。因此,这篇报道用一句话来概括她"用真挚情感作为艺术语言跨越世界的距离"。

我想,某种意义上说,这和江丽的写作初衷很契合。

"品鉴另一处的风物和人。"她与久居海外的华裔同事聊天,被那种"思维方式有着超乎寻常的文化跨越与融合,就像研究所的秘密武器"的中文表述所吸引;她被做义工、为难民和公益事业而奋斗的德国女强人同事所吸引;她被身边对事业极为关注、注重情感追求和生活格调的人所吸引……她用英语与出租车司机聊天，与销售员聊天，直面生活底层人的心事。

情景结合，串联起中德百姓在商业购物、消费观念、价值观以及企业管理、品牌意识、城市物价、教育水平、建筑风格等等方面的不同认知，甚至，她在餐桌上、地铁上获得了在曾经读过的有关描写德国社会风情类小说里体验不到的经历。

比如她写《大村庄文化各美其美》系列，纪实性很强，从"最老"的国家到"英俊少年"的描述，内容上，从人到物，从风格到流行，从绿色环保到职业教育，都有所涉猎。其实就是一篇很好的社会调查类模板。

她以这种融入式、沉浸式的体验，由此构建出了有着马林菲尔德地方性知识体系，她的文字世界里，视野宽阔且开阔。

保留这一个个好故事，是一种自觉，也是一种热忱。

在江丽撰写这些文字的时日里，她的阅历中不知不觉竟变成了一个属于她自己的"快乐园"。这或许是她对自身经验与写作方式的重新激活与照亮。

相信读者将会在《马林菲尔德的85天》里抵达情感的同温层。阅读以后，会懂得作者江丽内心的律动——追求生命更高的境界。从这个意义上来说，此书能为读者带来阅读愉悦的同时，也能启迪心智，开阔眼界，增长见识。

相信在这本书里，江丽植入的每一份心智都将在纸页间发芽。

2025 年 5 月 31 日

目 录

序言　她植入的每一份心智都在纸页间发芽　　001

1　终于合上箱子　　001
2　机场讨钱　　003
3　公寓活出滋味　　008
　　3.1　初来乍到　　008
　　3.2　厨艺是如何练就的　　014
　　3.3　八达通章鱼村　　019
　　3.4　球迷和选举都来了　　023
4　"老"女人应该怎么活？　　025
　　4.1　这个小姐姐不简单　　025
　　4.2　女人看女人　　028
　　4.3　精彩最是"老"女人　　036
5　不着调的快递　　039

6	没菜单的中餐厅	046
7	不魔幻非德铁	050
8	找不到的门牌号	060
9	慰藉莫过于狗	064
10	何处安葬?	067
11	拈花惹草	078
12	解忧杂货铺	081
13	高山流水觅知音	094
	13.1　现场音乐会	094
	13.2　村庄里的音乐会	103
	13.3　王者归来	106
	13.4　尼克松在中国	109
	13.5　夏日最后一朵玫瑰	113
14	以后人类和谁约会?	118
15	大村庄文化各美其美	128
	15.1　柏林大村庄梗概	128
	15.2　令人发指的语言?	133
	15.3　老了咋整?	135
	15.4　一半是海水,一半是火焰?	139
	15.5　不上大学又如何?	145
	15.6　跳蚤哲学家?	147
	15.7　玩具事关未来	149
	15.8　工匠恒久远	154

15.9	乱起名？	156
15.10	发肤受之父母？	160
15.11	命里有水	162
15.12	菩提树下有广场	165
15.13	非洲情结	167
15.14	属男还是属女？	171
15.15	"巫术"正流行	173
15.16	无罪不成书	174
16 那旮旯的酒吧		178
17 三个职场礼仪		183
18 马克杯遗产与厨房社交		186
19 科学凡人		190
20 "万能"T主任		202
现在只要能出门的都是有钱人		203
每周必须有一天我要独自待		204
一夜之间我改变了国籍		205
我讨厌星巴克		206
吃Pizza的方法		207
21 一把钥匙惹的祸		210
22 到纽伦堡串个门		217
22.1	开国元勋发明了口琴	224
22.2	德国大宅门	225
22.3	惨不忍睹的外销瓷	228

22.4 地球苹果	229
23 咆哮的"力量"	231
后记	235

1 终于合上箱子

记得某位作家对其即将开赴的旅程形容是"旅途发出海妖之歌般的蛊惑,引诱其上路",而我在经历了极为漫长的等待后,对客座科学家之事已经开始分泌多巴胺负值了。各类复杂程序令我不得不仰天长啸:"我的国需要我"!尤其走到了最后几步时,发现语言要求一个也不满足,这样的缺陷是否应该有个责任主体已经不重要了,责人80大板也换不来海妖的蛊惑啊!左思右想,都掉了层皮卷到此刻,还是不要前功尽弃为好。多方打听,选择了能够最快出结果的某思之考。拿到考试结果后向人描述此事时,有种惊险之悦、新奇之感。因为事后查阅该考数据,发现仅有3%的人能考出这一成绩,顿时有种炒股全胜的窃喜。但这种喜悦很难分享,知我者,认为我考出超越97%人群的成绩属正常发挥!更甚之,德国朋友直接告知,你需要参加英语考试?今年一大笑话吧!不知我者,哪里知道当同胞们在愉快祥和的春节气氛中享受着美食的时候,我却每天饱受着戴着耳机听人不好好说话的折磨。何止是不好好说话,是不讲人话!听完那些听力样题后我打算弃考,直肠子的我发现英语的表达还能如此九曲回肠。几番怒气后,与自己

和解，在家人劝说下，就当是打了回游戏，至于有没有升级过关，不要告诉任何人！再说这最后几步，你都不一定被放行。

五一节前夕，在解决了国内的最后一个程序要求后，终于得以放行。

5月29日，临上飞机前一晚，我又遇到了来自柏林的问题，这个出乎我意料。由于研究所新出了一个规定，导致我需要在不到12个小时的时间内解决一个程序上的要求。边做最后的努力边耍起了性子，随便吧，不去最好。

临睡前，所有的问题都解决了。德国同事还在不断力促我带一个电饭煲。我直接耍赖说，找你借一个，不然就天天去你家吃饭。

现在，上床睡觉，世界安静下来，我合上了行李箱。

2　机场讨钱

到达法兰克福机场后,看看转机时间,仅有1小时40分钟。记不清疫情前什么时候到过法兰克福,一个人飞来却是第一次。转机的路程很漫长,值得一提的是,从出航站楼到通关的路上,一路都不设广告席位,卷开的墙壁就是一片白板,十分枯燥。但这对于有注意力集中缺陷症(ADS)的人赶飞机来说,简直是大有裨益!看短视频和各种广告都是一种烦心事,专心赶路都会备受影响。如果遍地都是广告,不小心走神的转机客会不会因此耽误了航班,从而起诉机场?有没有这方面的案例?

穿越两侧茫茫无边的白板,我以较快的速度前行,确保自己有充裕的时间赶上转飞柏林的航班。至此,一切都很顺利,但在通关时,我受到了十几年来出口通关经历中最为严格和时间最久的盘问,以至于我认为任何一名理性的签证官耗费在决定是否给予签证的思考时间远远低于此刻的盘查时间。一位看上去就像大学生一样的海关小弟,不断抛出各种新奇的问题,在我出示了研究所邀请函后他仍然展示各种花式提问法。小女子本来对研究所那带有联邦机构徽章的信函充满着自豪感,理

直气壮，总觉得大胡子所长微笑着就在我旁边，迅速拿下签证都给我足够的底气啊。不过，到底是因为研究所过于默默无闻，还是海关同志过于敬业？毕竟日后大胡子所长的名言掷地有声，"研究所不为人所知才说明工作做得好……"或是姑娘我有什么地方让他感觉不对？我全身打量自己，端正秀美无越矩，虽然不能成为亚洲女性的杰出代表，也是一名正经的科技从业人员，且，大兄弟，俺英语比你还流利啊！是什么问题让他卷我半天呢？尤其是他的最后一个问题是，你有信用卡吗？我困惑地回答，"鄙人已记不清什么时候使用第一张信用卡，时间过于久远。"

再后来与德国同事聊起此等遭遇时，她上下打量着我，托着下巴，想了半天，说出一句：

"因为看着你是一个人旅行，你也长得不赖嘛！"

"你是在暗示他眼中的我有可能打定主意留在日耳曼不返中国吗？"

好吧，我更愿意归结于正处于战时的欧洲，此时遇到的难民挑战正处于历史高位。每一个非德籍入境人员，都会让关口提高警惕，这是一种社会经验的信号。

离开浩浩荡荡的人群，不得不承认这是欧洲最大的枢纽，人群中注意到一位同机下来的中国人，颇有企业家风范，走起路来雄赳赳气昂昂，整洁利索的外在，十分引人注目，似曾相识。我认出他是一家大型医疗央企的负责人，尽管就是想不起来是谁。感觉遇到气宇轩昂的中国人在海外也是一种幸运。临行前正好看到一篇医疗报道，中国出海的医疗企业在 2024 年增长了 23%……他明显也是要转机，所以我像吃了定心丸一

样,一路随着他自信地"翻山越岭",穿过望不尽终点的走廊,消失在通关处。随后七弯八绕到达一个不起眼的地方,此处看不到一个英文单词,凭着感觉用机票刷进了国内航班的办理大厅。德国的机场非常有趣,公共场合罕见英语标识,但遇到的人都能或多或少讲点英语。过完安检后,紧绷的神经开始松弛下来。此时才知道去柏林的前序航班因为暴雨晚点1个小时。赶紧和接机的德国同事联系,告知晚点,她回复说,今年德国雨水很多,还用微信发给我一条中文新闻"洪水席卷德国南部,已造成多人死亡"。5月初我刚刚从暴雨如注的广东回到北京,为了避免航班晚点,我甚至选择乘坐近10个小时的高铁。同期几乎世界各地的暴雨此起彼伏。全球气候的极端天气,让旅行中的人感到不安。不过此时,尽情享受候机时盯着窗外发呆吧!真是难得到域外看着数架大型客机发呆。

等候了近2个小时,机场一片寂静,踏上这片国土后负责安静的神经细胞开始工作,自觉地混入这一片悄无声息的人群。德国人连呼吸都调成了静音模式,我的手机突然响起微信提示音,瞬间我成为全民公敌。关键是,没有人告诉你登机信息,此时你就像看股票一样盯着大屏上的航班信息。看错了你负责,大屏错了,哈哈,还是你负责。终于登上了去柏林的航班,我松了一大口气,大约夜里10:20,航班降落在柏林勃兰登堡机场。俯瞰的时候以为来到了大武汉,成片的水域面积很是壮阔,后面的日子里对于柏林与水的关系体会更加深刻不过。暴雨的延迟总好过罢工的影响,上飞机前还有个朋友担心我遇到罢工,我打断他,别乌鸦嘴,机场员工已经涨过一轮工资了。接下来行李是否随机抵达是个关键问题。此时已经接近

午夜,接机的同事已经等候多时,整出啥幺蛾子都会让我充满愧疚。要知道这是在欧洲,怎么能和我国接机的烟火气比?最有趣的是接机的同胞通常都比我兴奋,如某歌词里唱到的:左手一只鸡右手一只鸭,要么就鼓励我去吃个烧烤羊肉串什么的,特别像恭迎我回家。

传送带准确无误地把我这85天的家当卷到我跟前。在一位热心的大胡子穆斯林兄弟的帮助下,两个箱子被扛下了传送带,我一度担心他的长袍马褂被我的行李箱绊倒,没想到比穿牛仔裤的人还利索。正在思考临睡前应该如何收拾这两大箱子,突然发现一个棘手的问题。当初左右不情愿地上飞机时,早已把硬币在机场的用途彻底忘在脑后。此时,看着那两个箱子,感觉像两只大乌龟一样趴在那里,既赶不走也拖不动。穆斯林兄弟可不管后面的事,要命的是,这是机场的终点,大家都要从这里鸟兽散,没有零食摊和自动售卖机。

所以接下来的任务比扛行李的任务更为艰巨,于是我四目扫射全场,寻找眉慈善目的观音面孔。由于此时的柏林机场人烟稀少,几乎能把所有的人都扫射一遍,发现了一位文质彬彬、衣着考究的绅士,正在手机充电桩跟前看报纸,他并不着急走,这有利于他抽出时间观察人群或者助人为乐;他看上去受过良好教育,应该能讲点英语。

一番乞讨后,他塞给了我一个2欧元的钢镚,郑重其事地说,这是两欧元。我眨眨眼睛,隆重地点头致谢,一幅要送给他锦旗的架势,锦旗上一定要印着"活雷锋"。"感谢您助我运输两只大乌龟!是否需要给我一个地址,我给您汇2欧元?"他连连摆手,牙缝里挤出笑容,也搞不清是不是赶紧要打发我走。

  这是我第四次来到柏林勃兰登堡机场。前三次都是蜻蜓点水走马观花。这趟由于并不享受出国前的那段时光，此刻又经历了乞讨，加之困意绵绵，晃悠悠的我，还没有想好怎么度过这85天。来接机的德国同事没有像众多同胞们看到我时一惊一乍，你怎么这么瘦啊！似乎都愤愤然于造物主的不公，怎么能造出如此瘦的人？每次听到有人这么说其实很苦恼，我既非营养不良，更非挑食者。要知道，享受美食可是我活着动力之一啊！我已多次想贡献我的基因以供肥胖症治疗药物的研发工作，2024年Nature播客年底收尾一期就是介绍一款肥胖症的药物，并称其为美国当年最重要的科技成果之一。德国人认为自己比起美国人，还算瘦的那类。

  我站在人群里，因瘦弱具有高辨识度；同事特别善解人意，见面，拥抱，不言瘦，主动托着我的大乌龟赶紧搬上车。

3 公寓活出滋味

3.1 初来乍到

摸黑到达 Marienfelde 公寓的当晚，只记得住一件事。同事说你看，"这是你的信箱哈！"对，就是那种需要用钥匙打开的居民邮箱，整齐划一地设在公寓楼的入口处，所有楼里的贵宾姓名都醒目在上。看到我的姓名、称谓和那道投递口时，晕乎乎的我突然感到很振奋；我的信箱挨着一位姓名古怪的邻居。邮筒与邮箱这种古老的玩意在全世界范围内都在减少，但德语区每年仍然有上亿件信函通过邮筒和信箱邮寄。这种传递方式赋予生活以秩序、逻辑、尊严与隐私，是一种不可替代的社会连接方式；如果姓名前再有一个家族徽章，更具尊严感。比起顺丰把快递扔到门口，或者凭取件码去开脏兮兮的公用快递柜，这种事物延续着人性的体面。同事还为我解释着邮箱上的"警告"——"禁止广告投放"。据说德国每年有 280 亿张广告传单进入居民的邮箱，廉价又无门槛的招揽生意方式在这里同样盛行；不过你一旦表明立场，投放者就得尊重你的意见了。

第二天才有机会抬望眼，观察 Marienfelde 的地形地貌。国际部的主管凯女士一早还要来实施管理职责，我脑海中就出现古代官员带着公文诏书绝尘驶来的场景。我上飞机前写了封邮件，"对于您能次日就亲临寒舍指导我掌握公寓使用规定以及熟悉各种设施设备，我深表谢意；要知道，我要在此生活三个月，您的作用真是太重要了"！

凯第二天上午11点10分来"宣诏"，我觉得她条理清晰，真是难得的人才！全过程开始于门铃的一声巨响。这门铃声颠覆了我对于安静的认知，以至于我在想这间屋子曾经住过上了年纪有点耳背的人。我从散乱一地的行李中穿行过去迎接她，请她坐到餐桌前。

"您喝茶不？很抱歉，我还来不及收拾行李箱，找不到茶叶。"

这番举动估计把她逗乐了。

我继续迷迷瞪瞪的样子，似乎魂魄尚在京城；其实我啥也没听明白，只是不断地对凯的每条交代频频点头。

"您看我这满屋子乱七八糟的，估计熟悉您的每个建议还需待时日，我会努力地做到。这屋子没电视，也没有咖啡机。"

"噢，亲爱的，这里不是星级酒店，电视和咖啡机不是标配。清单上的生活用品就是我们的标配。"

"好好，至少还有个咖啡壶。"我表示十分满足。

"这是一本公寓指南，有英语版。您可以找到公寓所有的设施使用说明和周边生活设施指南。"

"我一定认真阅读，不要把洗衣机弄坏了。"在她的指引下，我发现洗衣机上满目德文，连个和洗衣场景相似的英文单词都找不到。

"你很幸运，洗衣机上个月新换的。"

走到楼下，发现门口已张贴好了来自研究所的告示，猜其大意，关于安全事项、出入公寓的管理要求等等。这里就像个联合国公寓，全是老外，但所有的公共告示几乎皆为德语，缺少联合国工作语言啊！事实上，未来的日子里，我主要靠社交获取生存指导。

此刻开始正式考察四周环境。

我居住的是公寓的主楼，坐北朝南，门口正中央一棵菩提树（或者是椴树）不偏不倚长在圆形小广场中央，小广场则不偏不倚在我的窗户中央。围绕着小广场东西两侧，各有一栋矮楼，都没有超过本楼的高度——我在最高点，也在最中心的位置。

到达前几周，研究所发来了公寓介绍和居住合同，把锅碗瓢盆壶以及抹布的数量都一一列明，这就是凯所指的"标配"。唯独没有写面积，更没有房型图和照片，倒是把公寓所在区域的俯视图郑重附上。这令我有些困惑，难道让我每天登高俯瞰此地？合同里还标注了房号是007，这下我乐了，亲朋好友临行送别时，我总要强调一下，小女子即将前往柏林当邦德女郎了。到达后发现换了房间，住进了这间酷似市政厅结构的房间，估计天意注定让我要像一名负责任的地方长官一样每天面对菩提树三省吾身。

"为什么不让我住007？"

"那间太小了，怕你有客人来访。"

临行前的确想约三两好友,但不知007布局如何,没敢声张。此时发现住到一间在北京也属单身贵族的大屋里,心情倍儿爽,兴致勃勃地向世界各地发出邀请。万一有愿意前来同住的,甚至非要付给我几天房钱的,岂不是快乐无边?不过,直至最后一天,在此屋停留超过1小时以上人只有几个上门蹭饭的邻居,1个从邻国来送中国食材的朋友,1个从邻国来柏林度假的朋友,2个水管工。其余几类分别是:在我门口短暂、替我代收快递的邻居,负责此片区的亚马逊快递小哥,偶尔来唠嗑的法国邻居。快递小哥长得就像受难的基督一样。还有一位在送别宴上信誓旦旦要从土耳其飞来看我的闺蜜,几个月也没影,以至于我怀疑她的航班被绑架飞至不知道哪个岛国去了。而另一个热烈策划来看我的朋友,每次都在电话里说到情深处恨不得把抹了相思泪的纸巾邮寄给我以资证明,办起签证却拖拖拉拉,按指纹被排到了9月。我也不做指望,对于这样不受打扰的日子乐在其中,增加了我对于邻里关系的重视。到达的第三日中午准备出外觅食时,就遇到了荷兰植物病理学家Ura在搬家,还找了个欧盟食品安全署工作的阿尔巴尼亚朋友给他帮忙,开着迷你的大众前来搬家。

"您很帅!"我对荷兰男人说。

"您很美!"我对阿尔巴尼亚女人Marrier说,"尤其是您这一头红发还有眉毛",我稍加了一些赞美词。

三国人士就这样站在一堆锅碗瓢盆中,聊到中午。

"咱们得开始搬了,得来回几趟。"U说。

"算上我一个",对于刚刚建立的友谊,我要好好表现。

"你不用,倒是可以随我们去新家看看。你是吃午饭的吧？"

估计以为我如此苗条是靠节食实现。

"啊哦，我可想和你们一起吃饭呢。"

"那咱们一会儿去吃土耳其卷饼，能吃吧？"

"太能吃了，不挑食的宝子。"

"太好了，咱出发"。

三国人士挤进 Marrier 的迷你车快乐地开向 Ura 的新家，身高一米九的 Ura，坐在这样狭小的空间里，还不如骑自行车舒适呢。这对于我来说是考察一个荷兰人在德国的居住条件的极好机会。他没有一件像样的行李箱，几个破破烂烂的行李箱，零家具，三轮车来回两趟够用。花盆比随身物品多，这可能是他的专业所致。不过所租的房屋确有 100 平方米之大，还有一个长满藤蔓的阳台。他既抽烟又养花，阳台要发挥很大作用。

"这里曾经死了个老太太，好几天才被人发现。"

Ura 向我介绍房屋的历史，无一丝不满，似乎这种情况很常见。

午餐无比真诚，两位科学家与我探讨了各种政治、经济与社会问题，从新冠到俄乌战争，直至建议全天下的父亲应该经常向儿子表达"我爱你"。他认为没有经常收到此类表达的男性，成长为普京和特朗普的概率比较大。"相信我，特朗普从小他老爹肯定没和他说过我爱你。当爹的要对世界和平负有责任啊！"

午餐愉快地结束。分别时，我请荷兰邻居尽快收拾好新住处，以便大家集体前往。回来时，德国房管员竟然多送了我一个枕头，这让我感动不已。

晚上入睡时，我感觉到十分燥热，浑身冒汗中度过了一夜。第二天在熟悉公寓各种设施的过程中，找到了燥热的源头。初夏的柏林，这地方竟然还在供暖！这让我惊讶不已，随后我发现只要温度降至10度以下，我就感受到柏林人送给我的阵阵暖意。欧洲正在打仗，柏林与俄乌战场之间的距离大约为600公里。此时此处的供暖服务让我觉得实在有点奢侈。找到关闭阀门的方法后，我果断地断供。

随后我每天都会看到媒体关于能源的报道，能源供应对于德国老百姓已经是火急火燎的问题。"在这样炎热的夏季，每个人都在抢着要煤炭，这真是闻所未闻。"从我到达柏林后，就看到煤炭公司每天都在疯狂接单，订单已经排到了10月份。有些客户等不及，会直接来仓库取袋装的散煤。欧洲多国已重启煤炭发电。德国政府7月批准重新启动或延长运营十多座原定淘汰的煤电厂。由于欧盟禁止进口俄罗斯煤炭，因此各成员国只能转向其他市场抢购煤炭，邻国波兰政府甚至建议民众自己到森林里捡拾柴火来满足冬季供暖需求。我也庆幸各种放行手续没有被拖延到冬天。

第四天早上，我享受了一项传统安排，由研究所在此楼居住的邻居当志愿者，带我探寻一条上班路线。一位意大利女邻居自告奋勇担任向导，一大早来敲我门。这的确是个万国公寓，在80多天里，只有我一个中国人，据说还有一位越南人和韩国人，我从来没邂逅过。在洗衣房碰到过一位尼日利亚男科学家，非常有礼貌，喜欢骑行，但是会把自己的内衣内裤扔进去一起洗，然后平平整整地挂在晾衣架上。如此有耐心，我想他的实验应该做得一流。

直至我临走前一周,我注意到信箱的铭牌出现了一个汉语拼音的姓名。而在此之前我身边没有一个同胞,我头一回不必每天讲中文。

3.2 厨艺是如何练就的

热闹非凡的第一周过去后,随后的观察是,本公寓楼安静异常,而六月的每个周末,对面一楼热闹非凡,迎来送往,正逢欧洲杯期间,聚众看球是常态,无论短租客或长租客,都会呼朋唤友。我这楼里也有终身不买房的长租客,多半是为政府机构退休的各类级别较低的工作人员,比如楼管员。

周六看到一辆宝马停在对面,只不过看上去简陋到让人怀疑 logo 是被从真宝马身上扒下来贴在 20 世纪产的车身上。公寓朝北如果不关窗,偶有救护车警车驶过的声音。除此外,朝南的朝向,阳光经常从不太遮光的帘子让我醒来。早上鸟语花香,开窗时,一股清澈的空气扑鼻而来;夜里是否睡得着都显得不重要了。还有几次,下午正在写报告,几只喜鹊落在窗前,隔着玻璃敲门,搔首弄姿。为此走了神,又不敢打扰,就这样盯了十来分钟。窗台的边缘不够空间令其展示美丽的身段,爪下步态不稳,停留片刻后,还未等我来得及拍照,就与我告了别。

按照凯的交代,我认真地阅读了公寓指南。这本自制指南用 A4 纸打印,尽管看上去被反复翻阅过,甚至有指纹印迹。但我对凯表示,它考虑到了"柏林漂"对生活的需要,从洗衣

机机身的德语功能说明到5公里以内能找到的药店，都给予了蜻蜓点水般的介绍，很是周全。还苛求什么呢？

今年的柏林热得时间挺长，没有空调和电扇，还要忍受高温烹煮，临到我离开Marienfelde都没有丝毫降温的意思。到了临行前两周，才寻到一部似乎是我国90年代生产的电扇，噪声堪比拖拉机。没有电视，没有空调，甚至没有电扇，谁又能想象这竟然是2023年GDP2095亿美元、人均5.6万美元的欧洲经济最发达的城市之一？这是一个多么缺乏物欲的地方啊！倒是激发了我开始复古生活的热情。在公寓干家务活的时候，收听各种网上电台广播节目在85天里被发展成我的爱好，从越南移民生活听到巴黎奥运会。周日鉴于哪也不开门，拖地、抢占洗衣房、听广播、写报告和做饭成为五大主要活动。

说到做饭，那可真是一种绝无仅有的人生体验。

进门就是厨房，能容一人挥舞厨具和灶具，配有两个无法精确控制炉温的电灶、三个巴掌大的台面、一处只能将炒锅侧身放进的水槽；下方柜子准备了一堆西式锅碗瓢盆铲，这些就是等我发挥厨艺的全部家伙什。看到那口大煮锅的第一眼，我就把它束之高阁，因为它是专供耗费数小时熬制高汤所用；我惜时如金，不能把时间浪费在煮高汤上。厨房外面就是过道，通过烟火味和器皿取放时的声响，能够识别出来今天邻居做什么菜。比如罗勒和香芹的味道混杂着肉味，一定是在炖牛肉或猪肉；哐镗的巨响，一定是在用那口最大的平底锅，我那法国邻居没准正在炖鱼；清脆的锅声来自小尺寸带把儿的锅，没准在煮方便面。

这还不算什么，厨房既无油烟机，公寓也无空调和电扇，电灶一开就像取暖炉，Marienfelde今年夏天过于炎热，我就差在公寓里裸身做饭。对于这样的厨房，爱好美食的法国邻居常常忿忿然。

"这是什么鬼厨房，还好冰箱里能放下葡萄酒！"我到过她的厨房，目睹了她的灶台上摆满了锅碗瓢盆，连地板上都是，下脚的地方都没有。也难为她在不到2平方米的厨房里做法国大餐了。

还有那8月初搬到我隔壁一米八的帅哥，常常听到他惊呼"上帝啊！"或者暴跳如雷来一声"妈的！"。我能想象得出，人高马大的他在厨房里压根转不开身，展不开手，或许还经常被烫了手，他一定是恨绝了这厨房；尤其是他洗碗的时候，我觉得那动静就像我小时候楼上夫妻吵架看谁的盘子摔得响。

大概第二周，一位华裔朋友开了800多公里来公寓探"亲"了。我对他的盛举表示赞许，在海外对同胞还是要具有一点责任心。

"你看看这些东西是不是都用得上。"

他打开一个历经沧桑的行李箱，从里面掏出来阳春面5斤装，白象方便面若干、学生榨菜若干、麻辣榨菜丝若干，花椒大料胡椒和木耳各1袋，日本kikkoman酱油1升，香油、老陈醋、蚝油、花生油、黄豆酱各2瓶。

"亲，我可以在公寓楼里开个中国超市了。要不今天我下厨？"

这位吃货之友视察了我的厨房后，摆摆手道："今天去吃米其林，回头你再用我带来的货练习你的厨艺。"

这样的厨房必须发挥创意。既要享受当地食材的味道，又

要巧妙地利用各种器皿。此外，还要谨记各种厨余垃圾善后处理的规矩，为此，我一面给德国人普及中国菜的常识，一面寻找适合这些西式器皿的中国菜品，一面学会克制自己对食材进行精细前处理的欲望。垃圾分类对于中国菜肴真是个烧脑的活儿！华人同事借给我的电饭煲能够发挥极大的用处，成为做肉神器；粤小炒就不要奢望了，方式改为少炒多炖常拌；周末会抽出半天认真下厨，研究如何将中华饮食精神在此发扬光大。作为一个中国人，会做饭与垃圾分类是同等重要的全球性责任。为此，我总结了一套在德国烧中国饭的实战经验：

第一条：炖肉都用电饭煲，加点醋，肉就很容易酥烂；肉类可以买半成品，和根茎类蔬菜或者蘑菇类一起炖，只需加点香油或者奥地利南瓜籽油。揭开盖时那个香气四溢。真有邻居问我，你昨晚做的是啥？

第二条：去超市买一种印有炒面图案的调料，看图说话，适合来做炒面，用来炒意大利面条，和切碎的西红柿混在一起炒，实在是美味。

第三条是关于吃鸡的创意。鸡腿的吃法是：在超市买腌制肉类的调料，加上花椒大料，鸡腿提前腌上一天，与大米一起放入电饭煲，40分钟后出煲；鸡翅的吃法是：先过油，放少量盐酱油糖，底部放大蒜，转入电饭煲再焖45分钟，德国味的蒜香鸡翅就出品了；用黄豆酱做豆豉鸡，如法炮制。

第四条：超市里买上混合蘑菇，用蚝油过一下，配白米饭，色香味俱全。

早餐的花样就更多了，吃得最多的就是各种卷饼。在超市里买上面饼或者土耳其面包，再买一些混合蔬菜沙拉，一包豆芽（对，柏林超市有豆芽卖！）头天用鸡蛋炒好豆芽，再切点火腿，第二天顺次卷入。将头天的剩菜各种卷入，也是我山东小米煎饼吃法的发扬光大。

和法国邻居一样，不能少了葡萄酒。不过我的酒量一瓶能喝上三四天。知道了我的这个特点后，该邻居一听到我厨房有动静就会找各种理由来敲门。

即便是一个人的85天，公寓里也要保持仪式感。经过两周的观察与体验，我特意将原本并列的两张长桌分开来摆，一张摆在主窗前、房间的中轴线上，作为日常办公和招待客人用。这样摆的好处是将窗外绿树成荫、果树飘香的画风收入眼底，尤其是那棵小广场的菩提树位于正中央，无论是发呆与沉思，还是待客，都显得极为雅致；与客人找话题的时候，还能谈论一下窗外樱桃的品质。另外一张则摆在左侧小窗前，作为我的专用餐桌。窗外就是秋千，窗台的厚度足够放下一盘直径超过50厘米的花盆，桌下的空间足够塞进行李箱。新格局建立后，看来看去，喜不自禁。

不外出的时候，我的乐趣是边做内务边听五花八门的英文广播，由于直播的便利性，我尽量选择收听直播节目，Podcast反而不怎么听了。除了新闻，社会性题材的广播节目是我的最爱，从特朗普的语言魅力到非洲美国祖孙恋节目，从奥运会期间如何游览巴黎到战斗于古巴与美国的双面间谍，从如何抗拒打折推销的心理学技巧到鬼屋清理从业者的财富自由之路，从好莱坞如何处理电影中的性表演到荷兰议员建议红灯区搬迁……世界之大，无奇不有。

3.3 八达通章鱼村

公寓能够从四面八方都通往研究所在 Marienfelde 的办公区。对于方向感不好的人，这种"通达"既友好又平庸，友好在于：任何时候，方圆 3 公里内都能找到研究所；平庸在于，不易描述和人约见的方位，处处都一样，基本就是蓝天白云和一条小径，没有参照物，连小径身旁的土丘、花草和树木都长得具有高度的一致性，亘古如斯啊！穿行于小径中，偶尔邂逅一两个行人，行色匆匆，绝不会多看你一眼；恕我直言，这样的地方反而容易迷路。我与 T 主任第一次约定在某条小径上见面共同前往某地，等了许久，竟然不见其踪影。事后恍然大悟，由于有多条相似的小径，我竟然站错了地儿。完全不似我国的丰富多彩，各种道路设施楼宇都具有高度辨识性，小饭馆更是多如牛毛、无孔不入。最关键的是，人烟颇旺，可供问路。公寓有点像个驿站，产权并不属于研究所，是政府公产，但各路英雄豪杰南来北往，络绎不绝在此交汇，为研究所的发展贡献力量。每条小径的起点或尽头，总能找到研究所的一丝不经意的宣传，画有箭头的指示牌总是在那醒目地立着："欢迎您来到本研究所"。

研究所在柏林西南地理位置，属于 Marienfelde 地区。Marienfelde 在维基百科的解释是：这是柏林西南部的一个地区，属于滕珀尔霍夫－施兰贝格地区。这个昔日的村庄是根据 1920 年《大柏林法案》成立，如今是工业与住宅的混合区。它曾是美国占领区的一部分。Marienfelde 身处柏林西南边陲，是柏林最近的郊区之一。公寓掩映在小树林中和连绵的小土丘中，没

准我门口哪条路上,美国大兵曾在此方便过,但绝对不会担心有野猪在此出没。尽管沿街看不到明显的标志物,一旦走到街边,就会发现公交极为发达,而且往"外"走毫不费劲,从楼下的秋千出发只需 2 分钟到达路边,3 分钟走到最近的车站,5 公里之内竟然坐拥 4 个超市!七八公里外,奔驰于疫情期间在此建厂,西门子产业园也位于此地。某次坐错了站,发现 IBM 也在此拥有地产。好一个大隐隐于市的地方!

引述维基百科的话,"可能是十字军骑士在 13 世纪初建立了科门图尔的圣殿院。这一时期是 Marienfelde 首次被正式提及的时间。一份来自 1344 年的文书证明了约翰骑士团将定居点梅尔根费尔德(Merghenvelde)的租金权出售给了城堡王国,包括泰尔托庄园(Teltow estates)。1312 年,通过一番皇权与教权的斗争,成为约翰修会的财产。1435 年,柏林-科伦统治者获得了该村的庄园所有权,并一直保留到 1831 年。随后,柏林地方长官将其权利和义务又出售给了该庄园新的所有者。1913 年随着工业时代的到来,这里的人口开始增加,1913 年竟然有了一个小型制片厂"Marienfelde Studios",后来被 Terra Film 接管。冷知识还包括这个地区其实也是萨克森豪森集中营的一个分营(subcamp of the Sachsenhausen Concentration Camp),大概有 500-600 个不同国籍的囚犯,包括波兰、捷克、斯洛伐克、挪威、荷兰、法国、西班牙甚至还有卢森堡人,还有一些德国政治犯。柏林在二战被轰炸期间,这个悠久的村庄的中心地带大部分遭到毁坏,只有这座教堂依然挺立至今。实际上我到达的第一个周末就轻而易举地找到了这座教堂。

Marienfelde 最有意思的地方是,尽管在某些大城市人的眼里,这里土得掉渣,此处交通却极为发达——天上飞的,地下钻的,地上跑的,说它是八达通章鱼村才够准确!普鲁士军队曾在此凿山开铁路,一直干到易北河工程。此地素来都是南来北往交通线上的主干线,等于我每天晚上都在主干线上睡觉。

没有欧洲杯的时候,Marienfelde的区域最为祥和安静。公寓的门窗一关,德国制造的隔音效果顿时奏效,免受不绝于耳声的打扰,除了门口偶尔有车辆短暂停驻的声音,社交屋里传来的欢笑声,基本也是鸟鸣山幽。在我国的小区里,总会有一些所谓的全民健身设备,类似单双杠、甩腿索之类,此处只有秋千这种尤物。德国人喜欢在居住附近弄个秋千,老少皆宜,下面铺以沙土,要荡秋千必须光着脚。通常晚餐如果和友人吃得肚皮发胀时,我就会打着饱嗝,来到此处荡上半个小时。"几乎无人会知道坐在被驯鹿拉的雪橇上会是什么感觉,荡秋千可能会让你的体验接近那个神奇的时刻。"这是路透社的一段评论。这可能是德国人喜欢秋千这种东西的原因,户外、浪漫、简洁。"作为圣诞节的重要传统,人们已经想出了各种狂欢仪式。柏林的圣诞集市上集体荡秋千可真是一景。最平淡无奇的地方是拄着助行器在大马路上暴走的行人,他们会出现在日上三竿的正午,展示出"德国"作派,显示强悍的晒太阳的决心。

这种集合了农庄、小镇与大城市的地方,不像郊区,也不像城里,没有被遗忘,又无须想得起,通勤方便,房租低廉,生活便利。到了第二周,我就在博物馆岛发现一本书,叫Secret Berlin,专门讲述不为人知的柏林冷门去处和景点。在这部461页的著作中,对于Marienfelde以及它的中世纪历史的叙述，竟然是零！我倒真想联系到这位作者，邀请他共同修订此书，不能让这处宝藏般的"冒菜"之地错过，尤其是那个中世纪的村庄教堂（dorfkirche marienfelde/Marienfelde village church），我在随后的生活中经常要和它发生量子纠缠。

研究所在 Marienfelde 的中世纪村庄周围蓬勃发展起来。总部在曾经的庄园主的别墅区，大宅子像意大利建筑，带着高耸入云的塔尖。自打 20 世纪 70 年代以来，庄园不知道就怎么成为德国联邦机构的地产。附近还有一处庄主的私家园林，自打 1936 年以来就开放给公众，里面分布着短步道、小花园、几处雕塑，亦公亦私。所长大人在此办公，研究所在对过的马路 Nahmitzer Damm 和 Diedersdorfer Weg 街区另有两处建筑，两个街区彼此相连，中间就是公寓。

研究所另一处办公地点在柏林的西北角 Jungfernheide，好比京城海淀的方位，乘坐城铁经过西门子 logo 后，就能看到研究所醒目的牌匾。每次经过西门子时，我就会提醒自己要到站了。Marienfelde 好比是把会议和工作以外的社交功能集中于此，Jungfernheide 就像正儿八经地去城里坐班，让我想起那首《五环之歌》："啊啊啊，五环啊五环，过了四环是五环……"与"藏拙"和"大隐"的 Marienfelde 相比，此处是柏林人的四环和五环，适合搞各种公务接待工作。尽管办公地点分属城南城北，相隔 10 公里之遥，研究所的门禁卡通用通刷，上网账号也共享，这是一种归属感的营造。国内大机构被各种门禁、账户所裹挟着；连住宅小区各楼盘的门禁都不通，大大小小的物业和服务管理机构设置着各种规则，穿行在热闹与繁华中，你到底要进多少个门，刷多少次卡，备多少个账户？

3.4 球迷和选举都来了

6月初,公寓附近开始逐夜沸腾,连号称上帝营业的周日也人欢马叫。与我同期抵达章鱼村的还有来柏林观赛助威的各国球迷。一时间,这个章鱼村的各处楼宇的阳台和露台都晒出了各国国旗,它们插在花盆上,绑在阳台上,趴在墙壁上……有时候阳台上会出现几个脸上涂抹着油彩国旗的球迷,醉醺醺地向你挥手!幸好公寓得到丛林的掩映,晚上睡觉自带隔音效果;公产的身份也不可能乘机发一笔房租横财,省去了球迷的涌入打扰。偶尔在过马路的时候,身边出现几个球迷,指指点点不知讲的哪国语言,拎着一个塑料袋,啤酒瓶在里面晃荡。

欧洲杯的球迷来了,第 10 次欧洲大选也来了。欧盟成员国的公民需要给欧洲议会选出 705 名议员;德国六大政党计划在柏林张贴约 10 万张选举海报。章鱼村的电线杆焕然一新,被各种海报附体。大部分海报上的绅士们西装笔挺,女强人们着装硬朗,大家额首微笑,配上据说和大前年一样的口号,绝不会像马斯克那样标新立异,弄出个惹眼的手势。比起夏天的到来,人们似乎对上哪里度假更富有热情,研究所里没人谈选举,好几次问同事海报上是谁,他们懒洋洋地应付我几句,街上也无人在电线杆前驻足赏读。还不如我这个老外操心欧洲的未来,多瞅了好几眼不说,勤奋地查阅口号上说了什么。

不过,还是有人在意。据说 5 月的某一天,德国社民党的一位欧盟议员在德累斯顿张贴海报时,遭到暴打,身负重伤,需要接受手术治疗。这下把柏林人民的气氛调动起来了。舒尔茨立刻表示:"民主受到威胁,决不能因此耸耸肩了事。"欧洲议会主席表示"欧洲议会与您在一起，肇事者必须绳之以法！"内政部部长发话："想要恐吓我们作为民主社会的代表，这可办不到！"不过两周过后，这件事就被欧洲杯的各种花边新闻淹没了。再后来，时不时有几个小党派的海报都贴到了章鱼村，一个叫德国海盗党（Piratenpartei）的特别打眼，该党在德国议会中没有席位，但在上一届欧洲选举中，以 2.4% 的得票率获得两个欧洲议会的席位，那些无厘头的海报也总能博得路人一笑，比如喊出以下口号：

欧洲连接起来的方式是香肠 Wurst；

全欧洲范围内应该对啤酒和土耳其烤肉卷（Döner）价格刹车，啤酒价格限制在 3 欧元 /0.5L，Döner 3 欧元 / 个，套餐价格 5 欧元。

4 "老"女人应该怎么活？

4.1 这个小姐姐不简单

访学工作有条不紊地进行中，艾娜博士看我认真又上进，担心我累坏了身子，经常提示某处即将有演唱会，某处正在搞小众主题展览比如间谍展，连研究所的同事喜得千金请大家吃蛋糕这样的事，都会秒告。于是我请她帮我留意流行歌手演唱会。很快，我得知了 Taylor Swift（TS）到慕尼黑开演唱会。

疫情后，欧美歌星演唱会的巡演都十分火爆，预售告罄是常态，无论是否歌迷，无论欧洲是否在打仗，无论夏季的德国铁路涨价多少，都秉持着"不如见一面"的想法。告别疫情走向新生活的重要方式就是去看场"后疫情"巡演，感受那万人现场连接的社交认同，歌迷社区提供了一个强大的内部支持性群体，有时候比父母和心理医生都管用。当然，敢巡演的都不是一般的人，比如 Tayor Swift 这个小姐姐。

小姐姐 TS 是个了不起的女人，这样说她一点也不过分。长达 20 年的职业生涯，几乎没有绯闻，妥妥地嫁给了事业。

演艺界因为几首歌而走红的人时常有,技艺精湛的演艺家寥若星辰,但敬业程度如 TS 的流行歌手非常罕有。演唱会是流行歌手的命脉,她从 2023 年开始新冠之后的巡演,一直持续到 2024 年底。这样"长轴"的巡演对于歌手来说,从精神与身体上都是巨大的考验,小姐姐却创造了无数的巡演"第一"。我在章鱼村收获了以下的励志冷知识:

后疫情时代巡演时间最长(一年之久);

单日预售门票最多(240 万张);

巡演期间政府官宣城市短暂改名(匹茨堡把城市改为 Swift 堡);

单个演唱会卖出帽子最多;

欧美至少有 5 个城市的 GDP 巡演期间直接恢复到疫情前水平,单个演唱会上求婚次数最多(包括同性恋伴侣,准夫妻认为求婚时必须有 TS "见证");

引发举城同庆:

在美国 Nashville 演出前和演出期间,当地政府出面举办了多场城市主题活动:泰勒问答测试、泰勒之夜、泰勒演出后之夜、欢迎君再来之夜……

很多城市的建筑物灯光与泰勒的演出服颜色进行呼吁,交相辉映;美国休斯敦将紫色灯光照亮市政厅,向歌曲 Lavender Haze 致敬

欧洲市场研究公司认为有一种经济学叫"斯威夫特经济学":

粉丝在每场演出的平均支出为 1300 美元;

匹茨堡的两场演出收益为 4600 万美元,酒店入住率 95%,

创疫情后周末最高入住率,也是该城市建市以来第二高纪录;

洛杉矶6天3.2亿美元,创造了3300个就业机会,是100年来单日创造就业机会最多的城市;

丹佛的GDP增加了1.4亿;

赌城拉斯维加斯的经济恢复到疫情前;

单场演唱会对本国(美国)GDP拉动最多

直至结束,全球GDP增加了50亿美元,

不知道还有哪些冷知识?自诩懂点音乐的我,虽不能叫精通音律,但也能自娱自乐。TS最早被我关注是因为她极为独特的风格。出道20余年,始终保持着邻家女初长成的清澈。粉丝规模、行业地位和艺龄长度,每个维度都史无前例。狡猾与精明不是她的人设,有媒体说她傻白甜。但她始终选择做正确的事,对无稽之谈风轻云淡;又不似有些女权主义者,外在趋于男性和中性的打扮,以特立独行、行事荒诞彰显价值主张。她散发着女性的性感和妩媚,生机盎然;职场上讲道义,尊重歌迷;对事业极为专注,陪伴了两代人,很多演唱会都是父母和孩子一起到场。刷脸的明星做不到她的敬业:曾经,某个城市的演唱会突下大雨,她在倾盆如注的雨中丝毫不受影响,坚持到结束,全场动容;她作曲填词,歌词引发的歌迷同频共振效果史无前例,几乎囊括了人类情窦初开的所有烦恼,赋予了小女生们成长的力量,小男生们也愿意从她的歌词里了解恋爱的烦恼。她20年来每年都出新歌,不是只有几首热门单曲在大喇叭里循环播放。如果看心理医生不管用,那就听听她那邻家女孩的歌声吧!如果诺贝尔文学奖曾经颁给过Bob Dylan,其实也可以考虑设一个特殊奖项颁给她。对于这样的小姐姐，我们还要对她苛求什么呢？

从慕尼黑回柏林的路上，邻座小姐姐的着装引发了我的兴趣，果然，她是 Taylor 的粉丝，这身打扮是依据 Taylor 某个演唱会的着装进行了简化，褪去了夸张。与演出者穿同款，有一种创造连接的乐趣；我有点走神，想象着自己穿上 Taylor 的长筒靴和小短裙站在舞台上是啥样。小姐姐是加拿大卡尔加里人，专程到慕尼黑去看 Taylor 的巡演，北美飞到德国的辛苦不表，小姐姐参加完演唱会后不肯脱去这身装扮，一路要穿到首都柏林，幸好德铁这趟车的空调基本不起作用，一路上让人汗流浃背，否则，以我国高铁的空调效果，穿着如此单薄、香肩外露的她，极有可能冻出毛病。为了了解加拿大粉丝的心理世界，我饶有兴趣地与她展开了对 TS 的热烈讨论。

最后，我请教道："那您最喜欢她哪首歌呢？"。

"Cruel Summer，慕尼黑演唱会的第二首就是。对了，她下一站要去波兰，您可以关注买票。"

"我也非常喜欢这首歌，在北京跑步时会听。很遗憾，估计我去不了波兰。祝您一路顺利，我要在 Sudkrez 下车了。"

小姐姐举起手来，一面向我告别，一面招呼着她的男伴坐到我的位置。

原来有个护花使者暗中保护，我就不用担心她会冻着啦！

4.2 女人看女人

逝者如斯夫啊！日子稳稳地进行到 6 月中旬，遵照组织交代的那样，需老成又持重地体现我国女子的风尚。对章鱼村

日渐熟悉,上下班轻车熟路,既无生活琐事羁绊,研究所对我也无欲无求,更重要的是,微信这玩意突然间就停歇了,我随着地球转动到了欧洲,有了更多的时间品鉴另一处的风物和人,开始对柏林的女性产生了浓厚的兴趣。因为这里的女性在外表、体态与气质上显得十分另类,即便一句德语也不懂,无法与其对话,也能感受到一种张力——她们很有想法,但实现的手段可能会让人瞠目结舌。途中等候公交地铁时经常遭遇这样的女性:背着尺寸上能过头下至大腿窝的背包之外,还要一手抱娃;盛夏时节,脚着惠灵顿高靴,活脱脱一副女超人;奶奶级穿着大裤衩,推着自行车出来;即便是时尚的年轻人,从头到脚都有各种刺肤穿孔的物件,脚上的大靴子全是柳钉,强悍的外形与女性的特征形成强烈的视觉冲击。她们总是上演独角戏,见不到男伴。当我感到视觉过于震撼的时候,会悄悄地拍上几张照片,发给世界各地的朋友,让他们见识一下柏林的女性,表情上都写着"老娘我真的是独一无二"。有一次琢磨着用什么英语词汇能够更准确地表达柏林女性的外形,看过一个时尚节目后,突然有了灵感,决定总结为"tougher, rougher, looser",中文叫"更硬,更糙,更垮"。

女性的硬汉形象根深蒂固。在中世纪的德国,夫妻可以通过决斗来解决纠纷。为了公平起见,丈夫得在一个洞里战斗,一只手被绑在背后,而妻子是完全自由的,还允许额外装一麻袋的石头随时备用。让这样的女性演进到"优雅"还真是一件颇具挑战性的事。柏林承载的政治与文化氛围使女性更愿意"粗糙"一些,穿得松松垮垮,背上德国特有的大挎包或者汉堡背包。有一次,看到某娱乐节目中一个混迹台北柏林两地的德国人，熟练地用绵绵台北话评价自家女同胞："他们无论长相还是性情，骨架大不说，有时候比男人还像男人，还挺有主见；和台湾女性比，就像是东北女人与吴越女人的差别。"这中国文化真是学到家了，我担心他出门被一顿暴揍。

德国女性集合米脂婆姨的容貌、山东媳妇的顾家以及东北老妹的豪爽，最重要的事都有主见。实际上欧洲女性们都愿意以有主见的形象出现，没有主见似乎意味着性别不平等。而性别平等问题是德国乃至欧洲的主要社会议程，在女权问题上，欧洲更是具有高度的一致性，尤以法国为代表。该国外交部的网站上赫然写着：

"性别平等是法国政府的首要任务。在国际上，法国欧洲和外交部通过其女权主义外交政策兑现了这一承诺。法国在国际论坛上倡导性别平等，并希望在所有问题上都考虑到这一目标，包括减少不平等和可持续发展、和平与安全、捍卫和促进基本权利以及气候和经济问题。到 2025 年，法国致力于确保法国官方发展援助资助的 75% 的项目有助于改善性别平等。欧洲和外交部必须为女权主义外交政策树立榜样。该部正在实施一项积极主动的政策，以促进性别平等。"

法国奥运会开幕式据说令我国口才俱佳的电视解说员莫可名状，最有见识的人都要感慨活久见。女权主义更是开幕式的重头戏，塞纳河畔升腾而起的十尊女雕像，是女权主义的代表性人物。今天女性能够参加奥运会也许在很多人看来是习以为常的事，但很少有人注意到 2024 年巴黎奥运会上首次实现了男女运动员参赛人数完全平等，达到 50%；1896 年雅典女性参赛人数是 0，这一均衡之路足足走了 128 年。也很少有人谈起在1968年到1999年之间的"旧闻":每一位参加奥运会的女性,在每项赛事上都必须接受染色体测试,以证明她们是女性参赛者;如果通过了测试,将得到一张"女性证书"。引述1900年的欧美媒体报道:"女性运动员有22人,她们穿着裙子,参加了高尔夫、网球、马术等'具有女性脆弱气质'的项目。"此后尽管女性参赛者表现卓越,媒体更喜欢报道女性在结束运动后的"脆弱感",此种主题与花边新闻一样十分吸引眼球。十尊雕像中有一位叫艾丽丝·米利亚特(Alice Milliat),极力抗争着这种先入为主的偏见。米利亚特在1922年发起了第一届女子奥林匹克运动会,此后举办了四次。1934年在伦敦的那届,每天都有超过6000名观众前来看比赛。女子奥林匹克的成功迫使国际奥委会加快了接纳女性参赛的速度。1928年,女性第一次出现在田径赛场上,米利亚特则受邀加入评审团,成为首位奥运女裁判。此后女子项目数量逐步增加。1928年阿姆斯特丹奥运会上,田径比赛首次出现了3个女子项目:4×100米接力、100米、800米。800米决赛共有9名选手参加,她们发挥出色,前3名都打破了世界纪录,获得冠军的德国选手莉娜·拉德克(Lina Radke),甚至把世界纪录提升了整整7秒。少了法国女人和德国女人,奥运会真是失色不少啊!

  至于为什么女权主义如此被看重,根据柏林一位爱情社会学家发表的见解:这是因为避孕套的发明、对于性爱的理解、经济独立让女性比过去任何时候都有魅力,更能享受爱情,甚至女人可以同时爱上多个男人。欧洲这片土地上总让人产生一种女性无所不能的感受,正如Taylor Swift的某首歌里唱到:

女性洞察人心、友善、机智、善解人意；这还不算，欧洲社会学家认为女性若非生育干扰，各个方面都会强于男性，尤其是语言能力和多任务工作能力，碾压男性；经济萧条的时候，女性能发挥作用的空间似乎更大，更愿意以母性来温暖家人和世界。比如，希特勒如果娶了女权主义者，就不会想去打仗了。

　　7月下旬，正逢拜登被逼宫，德国的民调显示至少有半数德国女性希望美国能够出现一名女总统，认为女性政治家更具有人文关怀，避免陷入战争。反对派认为这个观点本身就承认了女性主阴柔，不符合女权思想。欧洲女性对此开展了热烈的讨论，亚洲女性在这个问题上很少参与争论。如果向研究所的男人们询问其对亚洲女性的印象？大部分都会说"安静"，有的也在暗示，穿着鼻孔、袒胸露臂、在大街上游行示威的亚洲女性较少。我的亚洲同胞们的确尚未演进至此，并保留着特有的温良恭俭让。

　　比如研究所的中国同事艾娜博士。作为一名久居海外的华裔，有着一种极为沉稳的气质，堪称老成持重的典范。她身材短小结实，年届半百，乡音未改，德语英语都很流利，中文却没有一丝不流畅；语速既适中，又无鬼音怪调，总能找到准确的中文词汇。她的思维方式有着超乎寻常的文化跨越与融合，就像研究所的秘密武器。她会偶尔提醒我看到的某种现象只是一个社会侧影，经常提示我柏林搞的是民族大团结。此外，我总觉得她像个山东媳妇，姐夫在家的地位屈居第二。尽管无法求证是否如我推测，每次看到姐夫都会暗自为他捏一把汗。上她家蹭饭宣告结束，她让我坐上姐夫的车。车驶出一段距离后不知怎么想回头看看她，竟然发现她摇着一把蒲扇，闲庭信步，时不时与进进出出的德国邻居打个招呼，那副神情稳如泰山，又悠然自得，感觉似乎此时旁边发生了火灾她也应付得来。

比如另一位日本主管凯小姐。她幼年移民至德国，经历了无数的坎坷。在很多德国男性的眼中，日本女性有一种气质叫"femineity"，古典式娇柔，德国女人尤其缺乏。这种气质让德国男性感到着迷。不过，凯小姐的身上看不到这种古典气质，但有种日本人的规则感与隐忍精神。她没有一丝废话，对交流工作以外的任何事都不感兴趣，有问必答，绝不逾越，也不会东拉西扯。我决定学习朝阳居委会大嫂的优良传统，头次见面就拉着她的大手嘘寒问暖。她膀大腰圆，估计一个煤气罐能轻易甩到肩上，我感慨在德国连蝴蝶夫人飞到这里都变得强悍无比。我的随意让她有点不知所措，估计心里犯嘀咕"我没见过你这样的老外啊！组织没有训练我如何应对你这样勾肩搭背的客人。"事后隐隐知道她的一些个人经历后还是打心眼地佩服她，独立又坚强。根据某商业网站的数据显示①，在柏林，截至2022年10月，柏林有4.2万日本人，而华人只有2.2万人。尽管不是全国之冠，少于杜塞尔多夫或者慕尼黑，但柏林对于日本人仍是最具吸引力的城市，也是最具吸引力的首都之城。我突然产生一种想法，与德国朋友交流道："如果希特勒娶了一位日本太太，发动世界大战的可能性有多大？"

"那个时候他可一心只想交个纯雅利安人做女朋友喔！"

---

① How many Japanese are in Germany? – Geographic FAQ Hub : Answers to Your Global Questions

德国朋友提醒我。

相比在柏林打拼成长起来的亚洲女性,昂科拉博士代表了一位典型的德国高知女性。她是研究所所长的朋友,所里很多老人都认识她。多年前我与她相识在中国,友谊就此保持了10年之久。那个时候我从八竿子打不着的领域跨入了新行业,而她在欧盟对应的权威技术机构职位已经做得很高,三年前退休后到柏林定居。集颜值与才华为一身这样的陈词滥调不足以形容她。她长得像冯德莱恩,这一点被研究所很多人认同。我刚认识她的时候,她是一头金黄的短发,语速极快,步伐极快;如果在一个国际会议的氛围中,她会在四种语言中自如切换。她出生在德国荷兰交界的古老海边小镇 Leer,这里几乎无人讲英语;可能是受了外向型荷兰经济的影响,也可能在海边出生,她外向、勇敢又独立,在德国念了本科,又到法国念博士,再去意大利工作。我曾经就此请教过一位颇有建树的科学家,问欧洲人为什么能讲好几门外语,学校要求的吗?他说,其实也不然,因为欧洲的国家都太小了,生存空间实在有限,稍有追求的人只好勤奋一点,多掌握几种语言。昂科拉就是有追求又勤奋的女人。

7月底,我和昂科拉相约在她的公寓团聚。她从大厅里走出来接我的时候,标志性的金色短发已经变成齐肩长发,金光耀眼。63岁的她,看上去比当年担任司局长的时候翻了几倍的柔媚,比冯德莱恩多了生活的气息。

"如果此时我是一位男士,我会被你迷住。"他乡遇故知的气氛中我只顾左右逢源我的脸,记不住左右到底互吻了几下。中华拱手作揖的礼节不知什么时候换成了握手,关于亲吻面颊

的礼仪，一生也很难得体会几次。世界也很奇妙，阿拉伯人尽管长袍加身，却对面颊礼仪网开一面。我见到比利时老友的时候，甚至被吻到了嘴唇，这下让一旁的中国同事当故事讲了大半年。此时，我以接受各类亲吻方式的成熟经验紧紧地拥抱着她。

我和她度过了一个愉快的中午，她给展示了下方抽油烟的无火厨灶，用德式厨艺烹饪了如下菜肴：烤土豆、迷迭香煎三文鱼、菠菜泥、煎青椒，餐前菜是果仁，餐后是草莓奶酪蛋糕，当然还开了一瓶上好的雷司令。她还打印了当年在中国一起参加活动的旧照。没吃完的蛋糕被我打包带走。

"那您现在主要忙什么？"

"我正在考教授德语的教师证，我需要学习很多门课程，周一至周六每天9点就要到教室上课。我相当忙啊！做着我退休前完全没有时间做的事。"

"这个转型很大啊！"

"是的，我已经完全放下了工作。那已经是一件很遥远的事。我想教难民德语。很多难民至今不愿意学习德语，除了德语太难，也因为没有好的老师。"

"那周日干什么？什么也不干？"

"义工，我会帮助一些大型购物中心策划义卖活动。"

一位风风火火行走在世界各地的女强人，后半生购买了一套同性恋伴侣居住过的时尚公寓，为了难民和公益事业而奋斗。

我肃然起敬地看着她。

"咱俩吃了一顿大餐，现在去消消食？我这步行到博物馆岛及周边大概需要 20 分钟。你的鞋方便走路吗？"

"这个主意真是太棒了！"我盯着自己的鞋看了看，为了体现亚洲女性的曼妙，出门前犹豫再三，我还是穿上了高跟鞋。这可给我找了麻烦，不过，我决定舍脚陪美人，中德两位女士携手在博物馆岛上走了半个下午。昂科拉还指引我路过了前总理默克尔的公寓楼门口。这幢楼外表很不起眼，就在大马路边上，昂科拉说她不知道具体的门牌号，但提示我警察在此常年驻守，走近了会有干预措施。果然我还在 50 米以外时，就看到了向我摆手的警察。这位生活俭朴的女性领导人，生活方式也很简单，老百姓常常在超市里看到她买菜。我站在 50 米开外的地方，录了一段视频，发表了一段到此一游的致辞，然后发了一通微信。我通常不这么干，但能够做政府首脑的女性又有几位呢？能让我路过其住所的机会又有几次呢？

这三位女性，包括没有见到面的默克尔，是我的柏林"邂逅"。随后的工作和生活中有很多女性邂逅时刻。论男女比例，我不得不说，女性占多，时不时帮我收快递的公寓邻居几乎全是女性。他们就像柏林的蝴蝶一样，成为我记忆博物馆的活标本；不是每一个女性都散发着迷人的魅力，也遇到过不太像话的女性，我也不能叫人家女巫吧，就当是只丑蝶。

4.3 精彩最是"老"女人

我也喜欢看"老"女人，尤其是在柏林德铁的站台和车厢里，欣赏干净、简洁又利索的老年女性。各国科学研究都显示

出女性比男性更加长寿，有些人能够把60岁以后的自己照料得依然光彩照人，尤其是社保系统完善的发达国家。2022年，欧盟养老金中位数约1500欧元，老年女性会将收入的20%用于服饰与美容。

德国同事告诉我很多社区都有老年女性形象设计课程。至于柏林街头，穿着破洞牛仔裤的奶奶并不少见，有时还能看到盘着丸子头露着一副老天鹅脖的奶奶。皱纹配亮片，白发配红唇，很有味道。"老"女人且更富有隆重的仪式感，皱纹再多也必须修饰仪容，涂抹上眼影、腮红和唇膏，约女友喝着下午茶，上海弄堂的奶奶们打麻将不是也要穿上旗袍吗！超市里经常出现穿得明艳亮丽的老太太，着装风格十分现代，他们更喜欢抽象的纹饰，服装剪裁十分简约，但花色绝不简单。他们大多会拿出一份手写购物清单。我见过一个老太太的书写，工整漂亮的德语书法令我惊叹。"您这是购物清单还是十四行诗？"不管人家听不听得懂，我都凑上去赞美一番。德国同事说你还没见过周末一边晒着太阳一边用钢笔写诗的奶奶呢！老头的状态则普遍逊色得多，超市里拄着拐棍的比较多，身上充斥着几天没有洗澡的味道。在我国浑身膏药味的大爷比较多。遇到这种情况，我就想起某网红大爷的话："年龄大了一定要坚持洁身自好，免得味道大遭人嫌弃。尤其要经常换内裤。"

到柏林之前的一次聚会，闺蜜怂恿我未来发展方向能否提前效仿马斯克那惊艳的老妈，要求我进行知识博主的策划，并猛灌我鸡汤，还提供了话术，诸如"比起你年轻时的美貌，我更爱你现在饱经风霜的容颜。"刚到柏林时，三天打鱼两天晒网地搞了个公众号，现在竟然连账号都进不去，真是没法向闺

蜜交代,还是踏踏实实写本书才是正道,尤其是记录下胶原蛋白渐渐流失后的人生思考。我国家庭规模与社保资金都在日渐缩小,养老会越来越棘手,如何优雅老去更是一个值得提前思考的问题。我鼓励老女人要发展兴趣爱好,尤其是经常做我妈的思想工作,希望她能把珍藏数年的缝纫机重新摆弄起来,为此我把隔壁生物学家汉诺威小姐姐的针织手艺拍给她。我还产生了某种奇思妙想,想把我搜集的各种纽扣分别寄给母亲大人和德国小姐姐,给她俩同时布置一个针织主题,看各自将产生怎样的作品?现在流行老年行为艺术,比如把保健品当盲盒收集,今天是宠花青素还是白藜芦醇?夕阳无限好,黄昏也精彩。生命的乐章因为优雅老去而厚重起来,终于可以说我吃过的盐要比你走过的路多!每一根银发都代表我见过的世面。用大气磅礴解构衰老吧!

5　不着调的快递

6月的第二周,情绪已逐渐安定下来,已经实施了3个月的夏时制的章鱼村,日落已经超过21:00,天黑透了接近23:00。欧盟原计划2021年废除夏时制,但各成员国之间扯皮拉筋至今未能实施,柏林人用"Sommersonnenwende"(夏至)计算每年合法在公园裸体的起始日,顺便提一句,德国人当众脱衣的习惯比比皆是。柏林全城的早起打工仔们都要打着哈欠起床,两倍的浓缩咖啡这个月会十分畅销,"睡眠无限少,黄昏无限长",白天精神不济,晚上都要整出点事来,连柏林动物园需要给企鹅笼加装遮光帘,抵御"极昼模拟攻击"。这让我对快递业的准时率又产生了新的信任危机,谁知道这些快递小哥昨夜又上哪喝到半宿?过了下午5点就可以喝上一顿。我国已是世界电商第一霸主,某电商"极速达"以及"秒送"堪称天花板级的世界最快体验,要知道,秒送的快递与不差1秒的高铁是我国的两板斧!

通过严谨的注册程序后,我成为"德国亚马逊"("德亚")的一名柏林网购者;又正逢Prime高级会员资格试用一个月促销,类似我国电商各路plus会员资格。这种营销方式不知是不是从航空公司学到的乘客分类，宣传的主要卖点是多交点钱保障你有更快的物流和免费退换货的权益。相较于坐航班，持有某航空公司高级别资格的乘客有看得见的登机优先保障，还能进入休息室吃上一顿。而 Plus 的权益如何实现就说不清楚了。遍地开花、无时无刻弹射出来的入会广告让你不堪其扰；在一番强势攻击的广告后，一想到我也就当个昙花一现的金主，终于"投降"成为 Prime 会员，主要原因还是想以身试水，感受德国的快递业。

德亚的前身是德国在线书店 TELEBOOK，德国人爱读书啊！1998 年亚马逊将其收购，今天的亚马逊德国站就这样被书店启蒙了。德亚自己的调查显示，19% 的名列前茅的商家主营卖厨房家居生活类用品，其余上榜受欢迎商品为电子及数码类产品（18%）、服装（9%）以及运动休闲产品（8%）。不过我最感兴趣的是各种食品和保健食品，这与我在研究所的工作相得益彰，一面查询各种保健成分的监管信息，一方面接听各方亲朋好友的电话，询问代购可能。德亚的产品描述方式比较简单，格式统一，比起我国电商，同质化的互抄页面几乎没有，语焉不详的情况时常发生。服饰类的购买体验比较惨痛，针对柏林亚洲人的尺寸标注完全不可信赖，"三无"产品找不到，质量就不要期待"德国制造"，绝大部分都是从中国发货。比较有趣的是，连发货期在三个月以上的都有，这种情况基本是海运。谁会买件 3 个月以上才能穿的衣服呢？又不是奢侈定制品。这真是让人匪夷所思！

作为中华秒送和极速达的受益者，此处快递体验更是容易让人患上焦虑症。如果你期待着 2 个小时之内能送上门，那真

是望洋兴叹。而你等待快递的过程，就像等待一位完全不靠谱的郎君。拉拉垮垮的快递业让我大开眼界。首先，从来不打电话，只在最后 5 分钟的时候，通过手机短信告诉你，我即将上门。即便你留过一千遍短信"宝子今天外出，请放到门口。"等你回家时，宝贝一定没在本宝子的门口，然后你满世界地找。在柏林，99% 的情况是绝不会放在门口，不知道被塞给了哪位邻居；系统中尽管会显示代收邻居的名字。但问题来了，本宝子并不认识所有的邻居，有的邻居似乎并不想上门转交，于是我需要打听叫此名的雷锋住在哪间屋子，然后登门拜访取货。意大利、法国和德国邻居都帮我收过快递；德国邻居是退休的房管员，年事颇高，不会英语，不怎么出门，很乐意帮我收快递的，但从来都不会登门转交。于是我只好登门拜访，用德语致谢。

其次，想追踪骑手的实时路线，那是束手无措。你能看到的是从发货地到你的收货地址之间是一根粗粗的线，线很长的时候，表示你不要指望，根据多位德国友人的提示，有可能还在波兰边境；线很短的时候，可能正在路上，但不可信赖——因为从清晨到日落，这根线都有可能长度不变；在经过令人发指的等待后，你开始怒火万丈，很想退货，突然间就收到一条短信："只有 5 分钟就到达您的地址"。此时语境仍然十分丰富，有可能 1 个小时后，有可能三天后。还有一次本宝子收到 5 分钟内送货上门的通知时恰好就在公寓，站在窗前往楼下看，印着 Prime 的快递小货车尊驾已开至公寓楼门口，车就停在那，两个快递员就坐在车里，你一言我一语，不紧不慢，包裹被翻来覆去地拿出来又放进去，似乎在找哪个是送给我的。我望穿

秋水,等待门铃响。这一"望"竟然望了快20分钟。我脑海里立马出现京城那一路小跑的快递员,还没跑到就打电话让我同意先签收。再后来,小哥对我收发快递的习惯了如指掌,双方形成了默契。看到晃晃悠悠的德国快递老哥,我思忖着他们的绩效考核该怎么做?

估计柏林快递员也是固定划片区,专跑章鱼村所在区域的两位快递哥分别为一胖一瘦。瘦的那位估计和俺体重斤两差不多,他首次出现在我门口时令我惊呼他与各种名画中的受难耶稣是亲兄弟!头发淡褐色,脸上长满胡子,一副饱经忧患的面容,好像走了上百里路才到达本宝子的门口,但精神极为愉快,对英语毫无反应。迅速递到我手上后,会拿出一个电子签收设备,让我签名,也并不查验我签的啥。

"耶稣啊,您终于到了。"我边签名,边嘟囔着。

收快递操心,寄快递倒是省心——这也刷新了我的认知。

第80天的时候,我需要往比利时发快递。打开DHL的官网,通过英文界面下单填写了各种信息,其中包括重量和尺寸。朋友打电话来嘱咐,要自行准备打包盒。这有点难为我。十斤重量的东西,上哪找盒子呢?善解人意的朋友又打来电话。

"快递几点上门?"

"我约的4:30"。

"估计不靠谱。我3点就到,提前打好包。你先把下单后生成的快递标签给我。"

"但是他会现场开箱查验吗?"

"这还真不知道。不过我给过你一个电子秤。你先称一称

是否和你下单的重量一致？"朋友显然没有这种欧盟内快递经验。但电子秤早已不知道被我扔到哪里去了，当时差点要送给超市里喜欢过秤的德国老太太。

"先这样吧，等快递来了遇到问题再解决。"我也只能如此应付了。

果然，2:30的时候，门铃就响了。打开门吓了一跳，DHL派来一位貌比潘安的帅哥，看上去30岁出头。

"您好，我约的难道不是4:30？"我给他看了下单时留的照片，试着和他讲英语。看潘安这年龄，估计应该是伴随着英语长大的。

"4:30意味着快下班了，就早来了。"英语倒是十分流利。

"你这么帅，我可以先知道你的名字吗？"

"我叫菲利普，你叫啥？"

我不忍心就把他劝走了再来，又不好表达我对贵国快递业的不满。

"帅哥你最晚什么时候能来，我在等我朋友送箱子，没有箱子我寄不了呢。"

"那好吧，4点如何？我4点再来一趟。"

"就这么定了，菲利普。"

可能我和潘安现场交流的气场比较对路，他于4点准时返回。

我把两个填好了标签的大箱子交给他的时候，他接过去，既没开箱验货，也没过秤验重，甚至连我自贴于盒身的标签都没多看一眼。和我闲扯了几句后乐呵呵地离开。第三天，比利时的朋友告诉我已收到。基督和潘安，多么有趣的德式快递体验！

我问德国朋友，如何让德国快递提速？你确定不是因为我住在村里的缘故？还是快递员们吸过大麻？

"当然不是！要想提速，你就在包裹上贴张纸条——内有拜仁慕尼黑欧冠决赛门票。你要知道：你的快递没有被扔到歌德的冥界已经不错了。要不然，就是邻居家80岁老太太的狗窝、废弃洗衣机、方圆500米内任意灌木丛。比起这样的遭遇，你简直太幸运了！"

这样的快递业现状，我替柏林人"痛定思痛"地找了三条原因，一是生活观念的简朴，有些购物网站上竟然直接劝导："如果您想购物，请尽量在您附近进行地区性购物；我们拥抱可持续性和绿色购物。"这是哪门子的推销呢？在我国，经济越萧条，快递越发达，奇奇怪怪的东西都能在电商上大行其道，还有蓬勃发展的直播带货与短视频推销，具有将某种义乌小商品变成人间奇珍异宝的能力，真是化腐朽为神奇！伴随着电商长大的中国新青年，恐怕认为世间万物都可上电商淘到，包括爱情。手机更是一种手到擒来的物件，拿起手机就意味着随时可能买几样东西。这真是控制不住的时刻啊！二是德国严重缺乏快递从业人员，我能遇到30岁的潘安是极为罕有的事情，公寓片区的邮政快递员大多都在50岁上下。三是柏林的机动车路况似乎越来越糟糕，不是好几年都修不好的路，就是只有一条路，货车送快递被堵在路上的情况非常频繁，抓快递的绩效考核只怕会引起罢工，就更有碍经济发展。即便如此，8月底，德国媒体乐滋滋地宣传自己有史以来的第一辆产自柏林的载重自行车诞生！该自行车将成为快递员的福音。

"本车时速已从20公里改进为45公里,该'柏林造'甚至已经行驶在新加坡的马路上!"我相信我中华商界绝不会放过这样的赚钱机会,某浙江企业已郑重表示:"我们近期实地研学德国当地新流行的电动自行车,研发出载重电动自行车,并将市场前线需求进行改良后的新品。它的后排通过装配、拆卸,可自由切换功能,载物或载人均可,是它最大的卖点。"德国媒体相应做出回应:"新研究显示,尽管中国电动车在价格上具有优势,但在质量和品牌信任度方面仍需努力。德产电动车在本国消费者中享有更高声誉,领先于价格更低的中国品牌,但他们的这种认知,究竟是实事求是,还是感情用事?"DHL则出来表态:"俺们家的黄色电瓶车以20km/h的佛系速度行驶,司机微笑致意堵车的燃油车,看,我在拯救地球,你们在制造PM2.5。"

我立誓生活中要做减法,清理那些鸡肋用品,关注人生中更为重要的事。

6　没菜单的中餐厅

异乡为异客的同时，我时时刻刻让自己保持着一个健康的胃以及对美食的渴望。每当完成一项较为复杂的工作后我就会搜寻餐厅，对自己实施一番奖励。公寓门口走路1公里之内能称得上是餐厅的一共有三家，都集中在东南方向，分别是牛排店、中餐厅和意式餐厅。第二周的星期六的傍晚，斜阳依旧热辣，整理完了本周工作笔记后，颇有成就感的我，决定前往中餐厅一探究竟。到达的时候约六点半，餐厅里竟然一个人也没有。引座员是个帅小伙，看上去像是广东人，讲流利的英语。把我引到座位后，他从此就消失了。我正纳闷，怎么也该给我份菜单吧？突然走出来一个40来岁的男人，个头不高，长得又是一副广东人的模样，高高的颧骨，宽大的额头，没穿厨服，笑眯眯朝我走来。

"您好，您是中国人？"先是冲着我说德语。

我摆摆手，说我会讲普通话和英语，能听懂一点粤语，只要不是太快。

"我来自北京，您是哪里人？"

"啊哈！我来自香港。抱歉，我的中文不是很好。我十年前去过北京，北京人非常友好，北京话很好听，那里也有很多好吃的食物。"

"您太谦虚了，您叫什么名字？两周来第一次在公寓附近遇到能讲中文的人，也是第一次见到华人。您是亲人啊！"

"呵呵，是的啊！叫我 Jack 就好。我得说实话，餐厅是服务本地人的，我们的客人都是本地人，菜单是为他们的口味准备的，您就不必看了，想吃什么直接告诉我。"

我恍然大悟，原来这就是那帅小伙消失的原因。他们练就了一身识别客人的本领，我走进来的时候，他们能感觉到我是来寻觅中国菜的。万一这年轻人沟通工作没做好，岂不是砸了招牌？搞不清我是来找茬的还是来吃饭的？没准也是个直播带货的主？还是换个老辣的出场。

"这样吧，来个番茄炒蛋，扬州炒饭，再来一个青菜。青菜吃什么好呢，您推荐下？"突然想起一位在美国开餐厅的大厨说过的话，想要在海外开中餐馆，蛋炒饭、番茄炒蛋是入行基本功；我临时加了码，给 Jack 布置了扬州炒饭。

他立马眉头紧蹙。我以为给了他天大的难题。

"扬州炒饭，你想要什么配料呢？"

"配料？"

"要放火腿还是虾仁，青豆还是什么别的蔬菜？"

我又恍然大悟，不是只有一种扬州炒饭，这可没有 ISO 的国际标准。

"您有啥就放啥吧！我很期待您独特的做法。"

"好的，我不会让您失望。"他挤了挤眼睛。"这个季节正好是白芦笋上市，要不我给您来份白芦笋烩牛肉？"

"听上去很不错,就这么定了!对了,千万少放盐!"德国的土菜既充满野性又咸得粗犷,着实让我担心德国人民因为吃得太咸影响健康。来这两礼拜了,从北京带来的盐,几乎没怎么用过。

随后,双方对番茄炒蛋没有进行任何意见交换,看来 Jack 对此信心满满,认为能够完全能够搞定我这个北京来的胃。

大约 20 分钟后,一桌子的菜摆在我面前。实在是很丰盛,分量足以让我吃三天! Jack 又跑出来,用不熟练的中文问我味道如何,那表情好像仍然在担心扬州炒饭是否地道。如果非要鸡蛋里挑骨头,我认为只有一个主要问题,地道的扬州炒饭蛋黄与蛋清需要分离开来炒,蛋黄要先和米饭裹在一起。Jack 版本中并没有发现两者分离。这是精细料理的重要原则,某英国媒体调侃过,"精细的意思是:在食物精炼加工方面投入大量精力,用各种工具过滤、研磨、分离,创造出各种工艺从大量食材中提取某种风味,只留下几滴可怜的浓缩汁液。"我认为对于 Jack 做出此类要求,实在是有点砸场子之嫌。

至于配料,少点黄瓜或者多点青豆,都不会显著影响口感。在公寓那间寸步难行的厨房做了好几天的饭,这顿中餐是我此时的饕餮美食。"Jack,真是很棒,过几天我还会来,我想想到时候请您做点啥?"

Jack 哈哈大笑,顺便招招手,让一旁的服务员送我一道餐后酒。

这家餐厅叫幸福的和尚,当晚直至我吃完,都只有我一个人。是不是应该临时改名叫"幸福的修女"?我也学到了扬州炒饭用德语怎么说——Yangzhou Gebratener Reis。在这个大村

庄能够遇到香港同胞为自己独家制作中餐，口福不浅，没齿难忘，当回修女也值得啊！事后与德国朋友谈起此事，她惊讶万分，说自己上中餐馆从来没有此种待遇。"柏林的米其林餐厅数量在欧洲能排进前5名啊，你得去家米其林试餐。"她补充道。殊不知，柏林人开的餐厅会引起一种奇特的感觉，好比一架战斗机俯冲下来，但机身上却涂满了柔媚的花朵；还有一位传奇的柏林主厨，曾经混迹黑帮，终于在厨艺事业上从良，人生有了未来，柏林少了个黑帮大佬，多了位美食圣手，米其林指南上更是多了个德国版北京烤鸭。我衷心祝愿我的香港同胞出品一样菜单上永远没有的章鱼村特色菜。

7　不魔幻非德铁

"根据世界经济论坛（World Economic Forum）的报道，柏林击败伦敦、纽约和阿姆斯特丹在内的110座世界城市，成为全球最适合"90后"和"00后"生活的城市。这其中最重要的原因之一是通勤交通的便利程度。当你考虑投资海外房产时，最重要的是拥有完善的交通网络。故，选择柏林是您投资的无形保证。如果您有兴趣在柏林购买房产，投资德国和欧洲移民，以及获取有关欧洲房产所有权和选定房源的其他信息，我们将为您提供全方位的服务。中国地区联系人和电话如下……"

这是一则面向华人的地产广告，尽管我从未思考过柏林的地产问题，但这条广告让我觉得很符合商业逻辑和社会需求，耳边立刻想起《五环之歌》，车里要准备好随时可化妆、剃须的工具，特别适合描眉画眼，整理仪容，甚至有男生对着后视镜挤痤疮！高效利用时间的同时还治疗焦虑症。

对于上班族来说，公共交通的便利就像工资里自带的福利，获得较为可观的隐性收入，生活质量大大提升。身在柏林，感受到是条条大路通罗马；不用搞懂S-Bahn, U-Bahan,

Tram，Bus 和 Ferry 的区别，知道一票如何通用即可呢！路痴只需三把斧：上 google 查看实时公交路线，在手机上安装 BVG 软件随时查询路线，连比带画问路。或者，干脆拿着交通图在站台上显示出纠结迷惑的表情，不出 5 分钟，就有柏林雷锋上前问您是否需要帮助！上下班路线之多，还能坐城际火车接驳市内公交；地铁、地面轨道交通、公交车和城际火车的接驳无缝感爆棚。还有来自各国的公交迷，会花上一整天体会各种接驳方式，专门寻求体验这种无缝感。何止上下班？去德国其他城市以及欧洲其他主要城市，都能通过德国铁路网站进行在线规划。2023 年 5 月 1 日德国开始推广使用一种 49 欧元的月票，不仅能够在德国全境使用，凡设有跨国站点的路线都能使用。理论上，49 欧元至少囊括 15 条德荷路线，5 条德法路线，4 条德奥路线，4 条德卢（森堡）路线，3 条德波路线，与比利时、捷克、丹麦的路线各有 1 条。一个异乡人，能够每天轻而易举地找到一条属于自己的路线，还能去德国以外浪一浪，这已经治愈了一半的海外生活焦虑症。对于 49 欧元游遍德国的政府举措，我不得不承认，特别容易激发德国人的民族自豪感。柏林各种旅游网站上还时不时推出特色旅游路线，比如：

没有被二战轰炸过的 15 座城市游；

最具中世纪风情的 Top10 小镇；

最国际化的 5 座大城市；

马克·吐温游历过的德国路线；

黑格尔与康德的哲学路线；

马丁·路德经典逃亡路线

在章鱼村阅读这些路线的同时我获得了大量冷知识，从城市物价到教育水平，从《灰姑娘》的取景地到美国总统的德国先祖出生地，从城市建筑风格到管风琴遗迹……有座小镇，有个神秘的匿名捐款人，不知道出于什么原因，每年都给市政府捐款；艾尔福莱特的中国菜让人赞不绝口，原来有个宁德时代！不得不说选这里很有眼光，除了低廉的生活成本，还有与柏林不远的城市圈。路德逃亡时到了伊丽莎白女王的夫家城堡，这座城堡里诞生了世界上第一个冲水马桶……我中华各种文旅局长扮古装吹拉弹唱，努力"揽客"。如果能够50人民币游中国，是否能够更加激发中华民族自豪感？

此外，在盛夏时节乘坐这些交通工具时，时不时能看到亲人送行和接站的热吻场面。无论列车停站或是离开时，总能看到狂奔到父母怀中的孩童，缠绵到似乎要弃车的情侣，贴面到量子纠缠的友人，连上了年纪的银发族在接站的时候都很奔放，我目睹过一对银发族一直紧紧相拥走下台阶，让我担心会不会同时摔倒？这真是在我国难得一见的风景啊！

到达柏林的第二周，我在小女子的邮箱里收到了来自德国的第一封带邮戳的信，发送者是VBB，给我寄了张月票卡，顺便有一份持卡人须知事项。打开卡的瞬间，振奋不已所有的公共交通的Logo都印在卡身上。

"这真是比收到黄金万两还开心啊！"我立马和德国同事分享，顺便把那长篇大论的须知发给同事看，她郑重地说道：

"这可不是人人都能随便拿到的。我们为了你的到来，提前按照申请程序给你预订上的。"

"程序很复杂吗？"

"得有工作合同。"

想起来上飞机的前一天，研究所要求我行前签署一份访学的合同，我正处于烦躁不安与愤怒中，以为是庞大的官僚机器中不起眼的一环。研究所最佳待客之道就是早早又悄悄地为你搞定月票。随之寄来的纸质通知信就像信用证一样，能够为开设各种电商账户做信用担保，因为它清楚地注明了我的姓名和固定居住地址。有一个固定住所对于普通人的信用来说是一种古老又奏效的法则，也是我成为"当地人"的第一个重要时刻。否则我就得像个旅游者只能到站台去买那种一日或数日内有效的纸质票；拿着巴掌大的纸片不是忘记打卡就是担心弄丢。异乡为异客的我能用上这等月票尤为珍贵。回国后我一直保留BVG的app，但凡听说柏林的地名，就上去查一查从公寓楼出发过去需要多久，把我没来得及走过的路都查上一遍。

关于公共交通的各种专业的术语我从来就弄不明白，什么采用750V直流第三轨供电，15kV交流架空接触网供电。对于路痴来说，总结以下乘坐体会和实用技巧更为重要：公共交通工具的车厢永远比外面热，如果能够有把小折扇，简直是防暑神器，甚至还能扇走面前各种怪异的味道。高峰时候，你的嗅觉要和世界各地的香水味作斗争；偶尔再上来一个喝多了的流浪汉，扑鼻而来的气息让你无处可逃，恨不得你下车给他让位。各种公交工具的站台都有电子公告牌，显示运行时间、运行方向、进站时间，某些车厢内也有电子显示屏，但如果频繁坐在郊区的公交，则最好要学会看懂德语显示屏，听懂德语报站名，因为公交路线没有英文显示，更不会用英文播报站名。过了晚上7点，有的公交大巴内连显示屏都懒得开，我荣幸地

有过两次坐过站的经历,并且有一次幸运地被一位能讲英语的司机载回公寓。最后,记得永远要携带月票或者临时纸票,尽管这里不检票,时不时会被查票。这不仅让你在被查票的时候国家尊严感倍增,最重要的是,你不会被重罚。

"别怕麻烦,要每天都带上,说不准哪天查票,没带的话你欲哭无泪,一月的生活费都罚个精光。"德国同事每次见面都要提醒我。

"我肯定带,就像带二战勋章一样!"我回应道。

"您看,这玩意儿得有工作合同才能拥有,我爸妈该多自豪,我竟然能在德国工作!贵政府应该考虑对我这样的外国人发售限量珍藏版,要不然就真的弄个什么胸卡一样可以别在胸上!"我又补充道。

又正值欧洲杯举办期间,加上难民涌动,这三个月边境管控的通知发了好几回,公交系统里遇到查票的次数也比过去频繁。85天我一共遇到三回。由于我对拥有月票产生的强烈荣誉感,它一直附着在我身上,每回被查票时我都沾沾自喜。

不过,这三回我也发现身边的乘客都很守规矩,查票员次次都一无所获,悻悻离开。

柏林城内的公交体验乏趣可言,但是乘坐德铁的经历,那可真是世界笑话集的最佳素材。

去纽伦堡买到一张ICE直达票,鉴于2024年度的德铁在世界范围内享有"不靠谱"的盛誉,我决定尽量坐直达车次,以免中转途中多次被扔在前不着村后不着店的地方,找个讲英语的都很费劲,再加上没有手机信号,也找不到充电器,那可真是折磨死人!如果我有1年的时间,我更愿意进行富有冒险性的旅行方式，85天就算了吧，没准途中一折腾再染上个新冠的最新变种……

按照T主任的推荐，选择了一条途经Leipzig——Erfurt——Coburg——终点是慕尼黑的路线。T主任认为旅游者会相对少，工作族较多。"坐火车前如果尿急，忍一忍，进了车厢再解决。"他不忘嘱咐我。

这趟ICE有空调。T主任每次都会提醒我哪趟有空调。他对中国的现状很了解，知道打我出生起，中国就到处有空调；早年运行的高铁，能把人冻得半死。不经T主任的指点，由奢入俭难，我对德铁能够提供的服务总是比照我中华水准想当然。

在柏林中央火车站穿越大片出行度假的乘客后，上了车。

孤独的旅行者，首先期待的是热情洋溢的乘务员。终于来了，不过是查票的。对于我来说，这段时间用来看书有点奢侈，看车厢百态、临窗发呆以及找个对眼的乘客聊天是我的重点活动，只可惜这节车厢与我共赴旅程的只有一个美国胖妞和一个德国瘦老头，大妞会讲德语，从上车就开始开视频会，瘦老头和幼童一样对着iPad的视频又哭又笑。我只好一边欣赏窗外的风景，一边记录下来被风景触发的人生感慨。临近中午，乘务员也没再出现，我琢磨着该怎么解决午餐问题。此时发现置物网兜里有份餐饮介绍，打开后只有德语，大概识别出以下内容：

"本车最新供应意大利肉酱面，还有一种烤鸡肉三明治也值得您尝尝。"

"本车供应三种啤酒。"

"请您扫描下单……"

我决定先试下扫码点餐功能，捣鼓了半天，没有一样能够成功下单，不是点不开就是点不上，乘务员在饭点到来的时候仍然不见踪影，饥肠辘辘的我此时很想念推着一车盒饭和零食的中国高铁服务员。

此时列车已经开出1个小时。就在我决定去餐车直接点餐之前，车突然停下不走了。一通德语广播后，我从美国大妞那得知了大意："很抱歉，本车出现机械故障，不过，您可以放心，我们仍然会准时抵达慕尼黑。"

美国妞的终点是慕尼黑，比我后下，这样我可以全程依靠她翻译，此时我完全信赖这条广播。穿过几节安静的车厢后到达了餐车。令我惊讶的是，餐车里几乎满座，但大家的面前基本就摆着啤酒，大中午的竟然没有人点食物？蜂拥而至把餐厅挤得无处下脚就是为了喝杯啤酒吗？我纳闷地坐到仅剩的最后一个空位上，一个强壮的男服务员走过来，操着德语。我开始对着菜单看图说话。一通比画后，发现菜单所列的美味佳肴仅供应汉堡。我无奈地指了指它。

就在此时，车厢里的灯忽闪了几下后，齐刷刷地熄灭，连空调都断了电。随之响起广播。一番打听，大意是："很抱歉地通知您，我们此时还在努力地维修中，这车一时半会还走不了。我们正在考虑将乘客们转运。"让我惊讶的是，观察四周听到广播的乘客，尽管发出各种啧啧或吁叹声，没有任何惊慌之色。一位母亲甚至在追逐从旁边车厢往餐车里跑的孩子，还有一位母亲在餐桌旁尽情地亲吻着还不到2岁的女儿，大家既不奔走相告，也没有人离席为转运做准备，更没人去和乘务员

理论：刚才广播不是说仍然会准时抵达慕尼黑吗？车厢里依旧秩序井然，唯一坐立不安的只有我这个老外。

"您看上去一点也不担心啊！"我打断正在狂吻女儿的母亲。

"这不打紧，不是什么人身安全的事儿。反正我们会有人管的。"她似乎在说什么开心的事。

"你不担心被转运吗？"

"不担心，到时候他们会有方案。你去哪里呢？后面不用赶火车和飞机吧？"

"是的，我到纽伦堡就下了。"

"那敢情好，我这节车厢里有一大家子去慕尼黑赶飞机呢！"

我一面感慨面对德铁如此淡定的德国人，一面庆幸自己听从了T主任的建议，选择直达型路线。

此时车厢的温度正在急速上升，餐厅里的人仍在沉稳大气地大口喝着啤酒。我开始感觉到全身汗流浃背。我往窗外看去，真是一个人迹罕至的地方，既无心旷神怡的乡村美景，也没有任何村寨的迹象。突然不知从哪里突突地冒出来一辆大货车。这不会是来拉人的吧？我陷入绝望中。

大概半个小时后，突然车灯亮起，一阵凉意散开，然后广播响起。大意是："亲爱的乘客，经过四次努力，我们的引擎不知怎么就能发动了。这简直是再好不过了！我们此刻就能出发了！"我面前所有的人一致敲起了桌子。

最后，在一片欢乐祥和的气氛中，我抵达了纽伦堡，此时响起了"谢谢您选择德国铁路"。我比预计的到达时间晚了2

个小时。

晚间与我会合的德国同事听到我的魔幻之旅后不屑一顾。

"还有更魔幻的事。有人坐过首尾分离车,后半夜醒来,被列车员告知到终点了。下车一看,车头和前几节车厢竟然不知去向。"

面对这样的任性,你能做的就是搜集各种段子,然后在幽默与淡定中忽视德铁的任性,把你所有的不幸都归结于德铁,并且从那些在全世界传诵的段子中找到乐趣:

问:"黑手党与德铁有什么区别?"答:"黑手党是有组织的。"

以下情况总能让德铁(狭小的空间)猝不及防:冬天的雪、身高超过170公分的乘客、身宽超过20公分的乘客、带行李的乘客。

本次列车将晚点20分钟,因为司机也是坐火车过来的。

洗衣机显示还有两分钟结束,但实际上我等了5分钟;我等这趟车已经过了5分钟,结果一直显示还有两分钟就来,再眨一下眼,竟然变成还有10分钟才会来!德铁应该进军洗衣机行业了。

今天德铁再次用以下的方式行驶:随便怎样,随便哪里,随便什么时候。

我迟到它准点;我准点它迟到。生活就是这样错位,我还没得选。

90%在德国铁路上卧轨的人最后都是饿死的,剩下10%因为等待时间太久,起身离开。

查票员正在验票,一位旅客出示了一张儿童票。"这是儿

童票","现在你知道我在此等了多久了吧?"

我的航班晚点数小时,降落时机长说:亲爱的乘客,我们安全降落,欢迎来到柏林,非常感谢您选择德国铁路。

也有隐晦一点的幽默,当你想表达"我完全不知道你在说什么"的时候,就说"我只懂火车站"吧!

偶尔也和德国朋友谈起德铁与德国的公共交通。

"你对柏林的公共交通有什么感受?便捷就不用提了。"德国朋友有一次这样问我。

"柏林的公共交通有点伤仲永啊!"我向她引述这个中国典故。

"也到时候该换一换了,这不穷吗?"她很淡定地回答道。

"不过依然性感。"我马上接过她的话。

8 找不到的门牌号

从公寓走到街边的感觉,有点像从掩体中出来,我好似中华川菜中的冒菜一样,猫了进去,又冒了出来,风景大不一样,打车也非常方便。了解各行各业的发展水平是此行重要的目的。久闻Uber大名,尤其是当知道这居然还是一个德语词汇,我觉得有必要在柏林体验一把。七月初的第一个晴朗的周末,计划首次乘坐Uber拜访一位德国老友。她住在柏林不东不西的位置,Uber显示离公寓12公里。为了纪念我看到Uber这个单词印刷在车身的一刻,我拍下了我在德国的Uber首乘"专车"。师傅今年61岁,土耳其移民,在柏林已经25年了,英语只会简单的表达,有3个孩子,看到他,我就想起《虎口脱险》里面土耳其浴室中被挤眉弄眼的接头飞行员彻底搞晕的大胡子。

从这天开始,每次坐uber,遇到能讲英语的司机师傅我都会与之聊一聊。遇到过的U哥司机都是移民,论原籍无人出生在德国;我能记住的国籍包括土耳其(最多)、乌克兰、孟加拉国、罗马尼亚、印度和尼日利亚。他们都能讲点英语,水平不一。尼日利亚的U哥英语水平最高,10年前移民德国;一路夸我英语好,和我聊移民的教育问题;从未到过中国,认为中国的教授收入不高;我鼓励他把孩子送到中国念书,切身体会一下工资水平。孟加拉国 U 哥的英语次之;我委婉地提道:"你们国家换政府了啊!"没敢直说政变;他表示,"是啊,老换,太腐败,我是难民,先去的塞浦路斯,我也是穆斯林。"他讲述与媳妇颠沛流离的谋生之路。难民是一个世界性问题,但在我国由于并不和欧美的难民体系接轨,缺乏想象场景。颠沛流离是人家的一种生活方式,客观上也供给了劳动力,加快了生育率。总之,如何理解这些难民从业者的生活,也是一件颇具挑战的事。

除了这两位英语纯熟的司机师傅,另有一位罗马尼亚的帅哥的英语还能交流,其余的除了简单的问候语几乎要借用词典、手势和肢体语言了。这是我遇到的第二个罗马尼亚人。之前和一位男性朋友前往某 Mall 寻找预定的餐厅时,被途中一家兜售美甲产品的摊位所吸引,主要是摊位前仅有一位西装革履的销售员,感觉是妥妥的直男,个头不高但很健壮,竟然在推销一种英国产的美甲工具,我感觉到十分新奇,通常我感觉应该是充满着艺术风情的有点女性感的男性兜售化妆品,而这位更像是卖电脑的。索性请朋友一起驻足观赏他的行销之术,这下可自己送上门了,他马上放弃前面似乎不太感兴趣的主儿,朝我俩走过来。销售话术对我通常不起作用,任凭说烂了舌头,我心中也丝毫不起波澜,但不知道为什么这个罗马尼亚兄弟除了纯熟的英语,还有非常职业的表情,温和又有温度,共情的话术很高。既不像一般的推销员如狼似虎地要吞噬你,惹得你就想扇他一耳光然后掉头就走;也不像那千娇百媚的男

人,让你抖落下一身鸡皮疙瘩。最后竟说得我那朋友竟然比我还动心,决定给老婆大人和我各买一件!我只当是蹭了朋友的流量,愉快地表示接受!不过"罗"兄最后是犯了一个过度共情的错误,他冲着我俩说,你俩每天晚饭后用这个指甲滋润油互相揉搓,多么愉快啊!朋友连连摇头,脸上一阵红一阵白,我俩是朋友,是朋友!

有了对罗马尼亚美甲产品推销大师的认知,和这位 Uber 师傅有了熟悉感,对他帅气的容颜表示当司机实属有点浪费,可以考虑从事男模。他乐了,说那我得好好考虑一下。

至于所遇出租司机,90% 在 55 岁以上,唯一一个能讲流利英语的是一个 20 多岁的土耳其帅哥,是柏林出生的二代移民,开出租纯属勤工俭学,学的是商科和信息工程;我称赞他和他的家庭重视教育,为了鼓励他,我把当日研究所送给我的马克杯转赠给他,说:"你争取去这家研究所工作吧!

马克杯不好往回带,我情愿送。但也的确表达了我的观感。德国为接受难民做出很大贡献;如果德国不为接收难民作出表率,既不符合民主政治原则也不符合大国责任担当。但大多数难民受教育程度低,学德语的意愿更低,每天混在难民圈,拿着德国完善的社保,成为社会不稳定的因素,德国还为此要付出沉重的财政负担。两难!双方都必须为此做出改变:政府要开明,移民难民有责任接受教育、学会德语,融入社会中。

"到了,就是这。"大叔停在了一座建筑物前。

"您确认?"我比画着,表示着我看不见门牌号。

"就是这。"他笃定地指向右手边的建筑物。

首乘 Uber 开往目的地有种骑驴找马的感觉，因为我看不懂柏林的门牌号，无法判断土耳其大叔是否恪尽职守。他一路眉飞色舞地开快车，是不是真的在柏林待过 20 年？万一他把我扔在啥也不是的地方呢？将信将疑地下车后，发现这座建筑物不仅自身没有一处标注门牌号，连左手和右手的门牌号差距都很大，毫无数字规律可言。困惑之际，我看到了邮箱！这可真是让人喜出望外，我很快发现了朋友的姓名。

看来我对大叔存在偏见。不过这事真不能完全怨我，后来了解到柏林门牌号的风格是迷宫。和我有同感的是美国大文豪马克·吐温，他在 1891 年 10 月至 1892 年 3 月期间在柏林逗留。他称赞柏林"充满了智慧的光亮"，是"一个美好的城市"。不过，柏林的门牌却使他产生了一种"创世界前的混顿感"。有的号神奇地中断又再续；同一条街，有的顺号，有的又是左右按奇偶排，分分秒秒都在变，这让人不是怀疑中学地理课没学好，或是算术不过关。天气好又无着急事的时候，还可以溜溜达达找个人问个路，赶上冰天雪地的时候初来乍到地去找路恐怕需要喝上一口烈性酒了，否则有可能在找到门牌号之前就冻死了，哈哈！其混乱的原因援引一位记者的调查："国际上有过大概十种门牌编码体系，柏林先后采用了其中两种，并且在经历了 200 多年的城市变迁后竟然'和平共处'下来，变成'一城两制'，给外国人留下了'不友好'的印象。"

9　慰藉莫过于狗

狗是人类的好朋友，似乎是陈词滥调。不过带狗逛柏林的超市和酒馆的确能够发现好在哪里。溜达到附近超市买东西时，总会遇到主人把狗儿锁在超市门口外。这些狗拥有令人类羡慕的漂亮毛发，神情严肃地端坐在地面上，脸上写着"我决不造次"，比孩童还有教养。尤其是目睹了一种极为健美的猎犬——匈牙利维兹拉猎犬那石破天惊的教养。据说是匈牙利的国犬，形态健壮，拥有紧绷的脖颈线条；臀部上翘，腹部坚实，被毛永远闪烁着有魅力的金色；今年柏林夏天过于炎热，它们完全有理由耷拉着脑袋，伸出舌头大喘气，但我很少看见它们在烈日下无精打采，通常是威严逼人，紧盯着超市大门，等待着主人的出现。我感受到对人类一刻不停地关切和心无旁骛的忠诚。我纳闷这每天要花费多少时间来训练这种生灵？有次看到对于这种狗的介绍，"性格沉稳，富有理智，对人既顺从又富有亲情，对主人绝对忠诚，对孩子绝对温柔，还能和其他动物融洽地相处。在家庭中，它是一个非常容易调教且忠诚的伴侣犬……"恍惚间不知是说人还是狗？如此完美的性格，和有教养的人又有什么区别呢？7月末在章鱼村的酒吧邂逅

了一只巨型的圣伯纳犬 Mary，是个"女孩"。酒馆面积非常紧凑，以至于 Mary 趴下时，全毛覆盖在地上的一刻，竟然占据了酒馆入口处地面 1/3 的面积！顺便 T 主任向我普及这里的酒吧人文知识，说疫情期间，英国的酒吧关了一大半，柏林的酒吧也受影响，不过这家开在社区的酒吧勉强维持至今，全靠老顾客，你经常来发现就这几张面孔。我与狗儿的主人——大叔 Joseph 一边聊天，一边提出是否可以抚摸 Mary，他欣然答应，又颇为体察我之犹豫，预防式告知我："Mary 十分温顺有教养，你尽管摸吧！"就这样，我感受了她的体温。整个过程中，她一副不关我事的慵懒，对周围一群醉汉互抛段子司空见惯，耷拉着双眼，偶尔睁开一条缝看我一眼，又闭上。好吧！好歹你也多看几眼飘洋过海的姑娘吧！

《大话西游》中有段唐僧在行刑前啰哩啰唆的话："人和牛的不同是人是人他妈生的，牛是牛它妈生的。"用到狗身上，或许生养的国度有所不同也是造成教养不同的原因吧。我国的狗儿们似乎防卫意识更为强烈，逢人就吠两声，两狗见面必互撕，斯文扫地。还有永远无法避免的狗屎。关于狗的贬义词似乎也多于褒义，比如狗仗人势、狗急跳墙、狗屁不通、狗血喷头、狗眼看人、狗盗鸡鸣、狗拿耗子、狗行狼心、狗党狐朋、狗肺狼心……这让我觉得十分不公，似乎我国的狗从来没有当过人类的朋友！

最有趣的事发生在纽伦堡的街头。城区中心的路延绵起伏，高低不平，穿高跟鞋的美女吃着冰激凌站在桥边自拍是一大街景，带狗逛街的是另一大景：有颠颠地走在主人前面表现出探路者风采的狗，也有漫不经心被主人簽着身子左摇右晃看

风景的狗,还有在主人侧面和主人极为默契的狗,你走我走、你停我停,让人最忍俊不禁的是,亲眼看见了一只当街"耍赖"狗。由于有一段路实在是坡度过大,男主人一往无前,狗儿明显爬不动了,不知品种,只记得中等体型,被毛旺盛。那天温度超过30度,狗儿竟然索性直接趴在地上拒绝再走。于是,我看到了这样一幕:主人弯下腰身,开始和狗儿说话,听上去或是劝它、鼓励它,仿佛在说:一会儿你到了目的地,我奖励你一个玩具或是陪你啃骨头之类……但这只狗无论如何也劝不动,只是伸出舌头,摊在地上,任凭主人说得口干舌燥,一副摆烂样,说什么也不肯走了,到此为止吧!我德语很差,也无法协助做狗的思想工作,夕阳西下,就奔前方的糖果店去了。

10　何处安葬？

抵达柏林的第一个礼拜日，阳光从不严密的百叶窗强烈地投射到屋里，睁开眼，时钟指向九点，感觉到星星还在头上转圈圈时，突然听到了教堂的钟声，这钟敲得很自信，而且足足敲了十分钟之久，声音的穿透力让我判断就在不远处，事实上它就在2公里以内，是章鱼村地区唯一保留至今的中世纪教堂。

这一夜睡得昏天黑地，钟声让我眩晕的状态突然有了秩序感。确认我的确已抵达柏林后，钟声促使我必须热爱这里。如果活物世界的庞然大物最温顺的物种是大象，那么在机械世界里，教堂钟声就是最为恢宏又绝不枯燥的乐音，让我想起了湖北出土的编钟。这种乐器完美利用了庞然大物的温柔属性，成为皇家乐器不二的选择。它还有一种我佛寿无量的包容感，召唤着方圆百里的人集聚一堂，低频声波（<100赫兹）可传播8-12公里，19世纪法国村庄用钟声频率差异区分警报类型，65赫兹的用作瘟疫警报，82赫兹的用于火灾。

让我热爱章鱼村的第一个实际行动就是赶紧循着教堂钟声走过去。我胡乱抹了一把脸，一溜小跑到达了对过的教堂。此

时礼拜活动已经结束，5月的最后一周天气还带着丝丝凉意，礼拜者们身着盛装往外走，集聚在教堂门口的人越来越多，套近乎的，拉家常的，热烈拥抱亲吻的……女人们的着装出乎意外地精致，有好几个穿着白色的蕾丝连衣长裙，包裹着丰满的身体；男人们则多半穿衬衫加长裤，对上帝毫无吸引力。不过，引述汉堡一位牧师的话："上帝不在意你的品牌，但欣赏你多花三分钟熨平衣领。"同时，教堂的活动能够促进靓女帅男的交往，展示社区人群最为光鲜靓丽的一面。一如既往，我避免侵入式文化探索，扮成在教堂湖边溜溜达达的晨练者，一边注视着教堂门口的动静。

这天我也学到了一个新词"dorfkirche"，意思是村庄教堂，即俺们村里有个教堂。这太符合它的气质了！维基百科中提到这座教堂见证了中世纪的1220年左右德国东正教大迁徙期间的历史。它完全由石头垒砌而成，异常坚固，1240年左右建成，至今保存完好，是柏林最古老的教堂。教堂反映了宗教与行政权力的争斗，而这一争斗贯穿于整个神圣罗马帝国时期。待礼拜结束后，我进入了教堂内部，仔细观察村庄教堂的特点。首先引起我注意的是墙的厚度。根据史料记载，这个玲珑小教堂的墙壁最厚的部分竟然达175厘米，曾是一座具有军事防御功能的城堡，而我眼前的飘窗厚度目测至少2米，我躺下来睡觉都没问题。沿着飘窗向外望去，岁月流逝的既视感油然而生。有多少中世纪骑士曾站在此处观察外面的军情？一想到这石板台面上曾经放过某位骑士的武器和头盔，我就兴奋不已，恍惚间有种圣女贞德在此振臂高呼闹革命的思绪……

一位乐师，同时也是志愿者，正在专注地捣鼓他的电子

琴,尽管观众已散去,他似乎意犹未尽。后来在教堂的野趣音乐会上再次邂逅了作为主持人的他。进门往天花板看去,就是20世纪90年代以后由社会各贤达人士捐赠制造的管风琴,表面锃亮如新。如果以管风琴的规模来形容这个教堂的规模,我估计当其演奏的时候,那恢宏之气会使你不能忽视这个村里的教堂,巨大的共鸣声将会唤醒长眠于地下的人,这样的力量恐怕不能轻易动用,一定要在最为重要的时刻。

围着教堂转悠了一圈,每个犄角旮旯都不放过。我最爱看教堂入口处的告示栏,兄弟教堂以及社区活动都会在此昭告,图文并茂,总能猜出大意。这个周二,竟然有场儿童乒乓球赛!还画着两位少年在乒乓球台上对峙。然而,教堂举办最多的活动是音乐会,在另一侧,则是简陋的墓地,竖立着两三个墓碑。这里没有公共墓地,要买墓地则要到与此相距3公里以外的兄弟教堂,此处安葬的仅有神职人员。周边的设施,湖泊一方,绿树成荫,座椅星星点点,酒吧三两家,还有一尊一战士兵纪念方碑。湖水在20世纪初就在此荡漾,经历两次世界大战竟然从未干涸,水鸭成群,有一家子在湖边露营,有几个环湖跑步的当地人,还有一位年轻人独自在座椅上沉思。

尽管信教者会将教堂理解为神在地上的国度,但神的旨意要落地的话需要靠社区教堂。这种教堂有多重要呢?它集我国居委会、老年活动中心、社区活动中心、开发商部分功能以及片警和户籍警部分功能、文旅部、民政部和教育部的部分功能为一体,在此发生的社区大事和重要活动不胜枚举,包括政治家与文化人士讲座、慈善活动、请愿活动、成人教育课程、音乐会……一年也见不到几次的隔壁王老五,没准就在礼拜日西

装革履地出现在你面前,黑帮老大可能在这里心灵纠结,不成器的惯偷或许在这里忏悔。总之,教堂日趋承载着精神支持与社交中心两大功能,是精神文明建设的重要抓手,打造社区凝聚力的重要依托,尤其是在引导面对死亡的问题上,教堂的作用无与伦比。

我去参加教堂室外音乐会的那日,教堂外的空地上,音乐会在坟墓上颇有气势地举行着。一位老兄一只手叉着腰,另一只手搭在墓碑上,怡然自得地倚靠着墓碑。对此我叹为观止,沉睡于此的骨架真是有福,死后还能和活人共享生活的乐趣。由于此教堂没有公共墓地,墓主都是过去的神职人员,甚至有被从教堂内堂重新挖出来又葬在教堂外的中世纪遗骸。总之,生者与死者没有接触的忌讳,对待逝者与死亡的问题上,东西方文化截然不同,以至于我很难坦然地与年长者触及死亡的问题。要是我老爹看到我倚靠在一块墓碑上,他一定认为我误闯了死人堆或者脑子不太正常。我不止一次和年长的家人朋友包括父母探讨过尽早立遗嘱这个问题。我认为年过五旬就需要考虑立遗嘱,结果总被人认为我不安好心。

数年前第一次去新西兰时,朋友开着车围着海边转悠,正计划带我去看看她那半山腰的农舍,我看到了山上的墓地,突然理解了顾城那句"春暖花开,面朝大海"。此时我已对农舍失去了兴趣,觉得在海边看墓地倒是一种前所未有的体会。

"咱能做个墓地中介吗?"我有点半开玩笑地对她说。

"好像难度有点大,不过你要是考虑给自己买一块,我可以试一试。"

我想到了影片《大腕》中超现实主义的诉求，男主角想知道自己死后会发生什么。总结一下无非就两种，有人惦记你，无人惦记你。我可没有永生的想法，常常安慰长吁短叹日子飞快的父母，作为向死而生的人类，你们还是及时行乐吧！但是一想到能够安葬此地，看满山的风景，这何尝不是一种值得尝试的安葬方式？法国普罗旺斯人认为，"死人要在墓地里待很久，所以一定要给他们找个好地方。"

"我们都是向死而生的物种，这个墓志铭怎么样？"

"啥？"朋友着急赶在天黑前到达下一个目的地，肯定认为我在胡言乱语。

"我在想应该给我自己写一段什么样的墓志铭。"

"这地方是有点荒凉，让你觉得不舒服吧。"她显然没有与我产生关于顾城诗句的共鸣。

"不，这里让人很豁达。"

"马上就到了哈，你到了一会儿要不先喝点酒？"

同事觉得我一路都在看墓地导致心里瘆得慌，着实应该壮壮胆，清醒一下头脑。她不知道这幅场景始终刻在我的脑海中，激励着我向死而生。

在章鱼村，我觉得可以随时轻松和坦然地看待死亡这个问题。6月，柏林西郊的天气有时候十分诡异，风卷残云、雷电交加会在瞬间降临，让你毫无准备，经常出门时还万里无云，回来时被淋得狼狈不堪。这让我常常感觉到周边住着哈利·波特家族的人，喜怒无常地挥舞着魔法棒。如果此时不去下教堂，都有点对不住这种诡异。德国进入八强后的那个周末下午，天空又被施了半小时法术，先是大片的积云翻涌着铁锈色

的暗潮，闪电好似银蛇游走翻腾，然后是疾风骤雨，最后绽放出绚烂的云彩，真是美极了！我决定先进街对面的鞋店溜达一圈，然后追着彩云朝西南方向跑步，沿途看到路边公寓阳台上好几个欧洲参赛国的国旗迎风飘扬，球迷在咖啡馆里吵吵闹闹地交换意见，这一跑竟然跑到了章鱼村新教教堂墓地，就在马林菲尔德的主大道边，经过一段叫多尔法厄的小路，来到了教堂入口。两扇大铁门既无锁具也未闭合，任由我这个外乡人穿行于生与死之间。

生与死与社区的联系如此紧密，半个小时前，我还在公寓对面的鞋店琢磨着德国设计结合中国制造的乐趣，此刻，我已跨入一片死亡的寂静。死亡在这里不是一堆堆的坟头，更像是闹市中的一处露天地窖，一座隐蔽的花园—外面是30摄氏度的燥热，此处的气温最适宜放上一个夏天的葡萄酒。到处都是天使石像、古老的椴树、山毛榉、橡树和冷杉，鸟儿在歌唱，树叶簌簌作响；还有一处有趣的艺术作品：一根横梁上挂着长短不一、形状各异的花岗岩，或许在表达：无论哪副骨架，都具有岩石的重量；可谓生于鸿毛，死于泰山。尽管马路近在咫尺，别说球迷的吵闹声，车辆行人的声音都不知道被此处天然过滤到哪里去了。在我看来，这里一年四季都适合散步、逗留、发呆和反思。但此时我只发现了一位访客，一位白发苍苍的老大爷，他身着深色西装，打着一个黑色的领结，站在一座墓碑前，拐杖放在墓碑上，双手合拢在胸前，眉头紧锁，嘴角下垂，似乎念念有词，由于距离有点远，看不出是否已老泪纵横，这是我85天里见过的最为悲伤的一张脸。不知道他在祭奠何人，但这样的表情我只在影视与文学作品中见

过,以至于我心生紧张,担心老爷爷会有什么异常举动,就坐在远处的石凳上盯着他。他竟然站立了快1个小时,我的屁股上一阵阵凉意。他至少一米八的个头,以这样站立姿势,以他的年龄和身高,坚持如此之久。我琢磨着怀念与倾诉的力量是多么的强大!墨西哥的生死观念中人有两次死亡,一次是物理性的,一次是精神性的,当完全没有人能够记得你时,你将彻底死亡;以此标准,老大爷正在悼念的那个人又是多么的幸福!

确认他无事之后,我开始在各个墓碑前转悠查看,以最轻的步伐,尽量不打扰各位墓主。这是一处维护得极好的墓地,我看到了林林总总与打理花园一样繁琐的园艺工具,耙子、铲子、喷壶、干草叉、独轮手推车、水桶剪刀、除草锄头、斧头镰刀……一应俱全,这些工具看上去性能强大,既没有缺胳膊少腿,也显得干净整洁,显然是经常有人使用与维护。我脑海里立马出现一个文学作品中能洞察世间的墓地园丁,他会依据活人把死人挂在心上的神情,来分配自己的劳动,决定哪块墓应该被照顾得特别周到。不过鉴于这里的维护情况,我认为此处的园丁比较尽职尽责,因为无论是哪个地块,都没有半点被疏于对待的迹象,更没有杂草丛生的乱象,只有简陋与华丽的区别:有的墓碑前盖满了美轮美奂的鲜花,石碑十分精美,甚至会有艺术设计;有的只立着一块刻着逝者名字的简单石头,墓前摆放着一束简陋的花环或者几支蜡烛。

借助翻译词典,我查阅到,这座公墓一旁的一座附属建筑庆典大厅是一位知名设计师 – 新艺术运动建筑师布鲁诺·莫林(Bruno Möhring)1928年的作品,他因在莱茵河上建造著名的

酒店和别墅闻名，他还在柏林建造了一个火车站和一座桥梁。教堂墓地所在的小教堂有管风琴和彩色玻璃窗，绘制着创世纪与耶稣复活的故事。根据该教堂的官方宣传："教堂及墓地占地近三公顷，每年夏季，都会有一场音乐会让众多游客流连忘返。"

德国的教堂墓地文化是德国的非物质文化遗产，据德国官方统计，全德有大约3.2万个公墓园区，绝大多数与教堂伴生。柏林的教堂墓地由于安葬着众多知识和艺术杰出人士，有些甚至成为柏林的地标建筑，被欧美游客开发成旅游路线。我顺手查阅到的地标墓地包括：建于1762年的多萝西斯塔特公墓，被称作"宁静的绿洲"，占地17,000平方米，石碑和方尖碑充满了新浪漫古典主义风格，哲学家黑格尔、文学巨匠布莱希特、魏格尔都安息于此；建于1856年的圣马太教堂墓园，格林兄弟、雅各布兄弟和威廉兄弟这几位童话大师在此安息。1909年建立的施塔恩斯多夫西南教堂墓地，占地206公顷，是世界上最大的公墓之一；西门子家族的著名人物都安息于此，由于风景出众，文化背景深厚，成为不少影视作品的取景地。如果以墓地来显示一个城市的才子佳人的集聚程度，恐怕柏林拔得头筹。

教堂墓地也会给城市带来烦恼，诸如公共卫生状况不佳、基础设施建设受到阻碍，18世纪以来柏林的墓地与教堂逐渐分离建造。墓地价格开始水涨船高，也越来越向城市中心集聚，进军城市腹地，住宅区甚至离墓地一街之隔。市中心的墓地更像街心公园，有人在哀思长椅上小憩，有人在墓道上跑步锻炼，还有人通过墓地专设自行车道骑行祭奠。附近甚至还有哀思咖啡馆，祭奠之后可以停留于此地整理思路。德国也有自己的扫墓日，即每年11月20日至26日之间的星期日。1816年普鲁士国王腓特烈·威廉三世颁布了法令，哀悼和怀念在反拿破仑统治的战争中阵亡的士兵，每年圣灵降临第一个主日前的最后一个周日为"亡灵星期日"。打那以后，就成了德国人的"清明节"。德国人也十分擅长设计墓碑和装饰雕塑，墓园甚至聘请设计师，我看到的天使雕像精美程度可PK博物馆的藏品；至于墓园的园艺，更是不在话下，植物四季常青，鲜花终年供应，还有手艺不错的园丁。

不过，据说德国的死亡成本为欧洲之最甚至世界之最。活着的人对欧洲日益上涨的生活成本和战火纷飞忧心忡忡，对死亡的代价也郁闷不已。原因是德国有世界上监管最严的葬礼和墓地行业法律，比如死者已经火化，也必须在墓地埋葬，而且必须由殡仪馆来安排运输或埋葬。某网站发布的德国埋葬成本（以欧元计算），成本因地点和客户偏好而异，大致如下：

普通木棺材：€515及以上（火化时需要"认证"木棺材）；

更精致的棺材：€1,000-€6,000；

墓地和费用：€524（匿名坟墓）-€3,000；

典型的总葬礼费用：€5,000-€15,000；

我查到了章鱼村新教教堂墓地的入殓（含地块）成本：花园地块最贵，一副棺材加两具骨灰盒，还可扩展，标价为€1,480；无碑地块最便宜，标价为€500。骨灰盒的款式、安放方式与占位费更是五花八门，从最便宜的€380到最贵的€1,280，有7种套餐价。令人惊奇的是，除了最基础的一种套餐即2个骨灰盒和占位费不收税，其余都要收税。

在讲德语的国家里，你也可以把骨灰埋葬在一棵树的根系里。不过在德国，这只能在经批准的森林中进行。此外，很多德语国家都允许撒播火化的遗骸，在德国却属非法行为。有一次我的瑞士朋友抱怨说："这些德国佬在湖水中散布死者的骨灰，他们一面反对湖泊被"骨灰"污染，一面让殡仪馆安排特别的湖边旅行，在那里举行灰烬散落在严仪式。这实在是有点让人啼笑皆非。"

即便这有点黑色幽默，但教堂墓葬服务的信息对于那些不知所措的亲属离世者来说，还是能够提供实际帮助和精神慰藉。如章鱼村新教教堂墓地在其网站上宣传的那样："您将从您选择的殡仪馆获得所有葬礼组织的相关帮助。如果死者希望让所有亲朋好友告别，他们通常可以待在家里长达36小时。许多人发现在这几个小时里不必孤独无助；你可以花点时间冷静地思考死亡的不可理解性；不要害怕让孩子参与进来。殡仪员会寻找死者所属的教会并帮其建立联系；牧师会及时与死者家属进行详细交谈，了解死者的生平背景和墓地葬礼的进程；亲属的意愿会得到周全的考虑。如果您正在寻找临终者的陪伴与牧师协助，请直接联系本教区。我们可以提供临终探望、临终圣餐以及祝福等项目……""如果死者希望让所有亲朋好友告别，他们通常可以待在家里长达36小时。"这句话让我尤其受到触动，生与死的界限被这种叙述方式打破，对，我的亲人只是去了什么别的地方。

事后，有德国朋友告诉我，晚年丧偶的老人很多，他们去墓地寄托哀思时没准能够遇到同样境遇的老人。而打扮得漂漂亮亮使他们显得依然有些生机，墓地是他们维系社会联系、建

立晚年友谊的重要社交空间。我觉得十分有道理。我想起在章鱼村教堂墓地的那张悲伤的脸，我祝福这位老大爷能够尽快在墓园里或是其他什么地方找到一位伴儿。

11 拈花惹草

公寓二楼住的都是老住户，搞不清他们的身份，感觉是一个大熔炉，东南西北都有，尤其有几个看上去颇像俄罗斯老妪。东南角阳台上，好一幅花团锦簇！一位体态较胖的老妪经常出现在东南角的阳台上，我叫她 Linda。观察她的屋子构造时我发现了不同。我这间房显然是安放着临时过客之用，窗帘的质地与老妇家的质地存在着显著差距。若非只有 85 天，以我热爱生活的天性，恐怕要敲敲老妪家的门，请教去哪买到合适的窗帘，向研究所要求自费安装。

柏林的天气特别有趣，既干燥又湿润，空气犹如海绵，夏日的雨水总是不够滋润一城的百姓，不过，一夜风雨后天空总是极为洗炼。此时，我就特别盼望她出现在阳台，盼着她拿着长嘴壶一通浇，看看、闻闻、摸下、捏、掐……这一番拈花惹草后，数小时就过去了，再随便干点家务，一早上就过去了。午饭时间自然是要好好美餐一顿，再精心打扮一番与女友去喝下午茶。如此美好的天气，还不能待在室内，必须外出晒太阳……我在意识流中替老妪安排了一天的日程。

我会在这样的早上选择小广场东去的路线，这样看到她的概率很高。只要看到,我就会主动招手,她热情地回应着。其实我根本看不清她的容貌,这已经不重要了,我心甘情愿像罗密欧一样,在楼下向她拼命挥舞着双臂。这种邻居间的互相打招呼,是一种特有的西洋文化,我在马耳他的城墙上,看到路过于此的邮轮时,那种统计学上的罕有"遇见"体验,让我忍不住猛烈挥手;同样,行驶了许久的大船,看了许久的汪洋大海,此刻发现看到城墙上人头攒动,自然会招手示意,彼此间愿意发生某种连接,传递着"我来过,我走了"的信息。

老妪的阳台也说明了一个核心问题:花是柏林人生活中的必需品,与面包、能源一样重要。德国人十分愿意PK阳台与花园,比比谁家的更漂亮。德语还有一个单词"Schrebergarten",大概就是京郊的农家乐,花园里有花卉草地蔬菜和水果,再搭个木屋,摆个工具房,爱花心切啊!

再说Lidl超市,我爱它进门就摆着的花花草草。不管怎么Low,只要有成堆的鲜花,就一点也不low,尤其是兰花。德国同事说,章鱼村也能买到"半年兰"甚至"一年兰",不用怎么看护,就是亭亭玉立,数月不凋谢。去看乔迁新居的友人的时候,她兴奋地介绍自己的社区环境,隆重介绍的一项内容就是花店,你看,这家花店在拐角处。她边说我边走神,走神到电影里的场景,影片中出现,男主角要去看女伴,拐角处配合他出现了花店,鲜花店那慈祥的祖孙三代花店,有人情味道的街道。Jack你来了哈?玫瑰给你留着呢!不过,现实中的柏林花店,越南店主占据大半,有着较强的种族印迹。营生多不易,好好珍惜有花的日子吧,哪怕经常看一看它们在超市里的婀娜多姿。在北京,拐角有个花店是个传奇。前两年比较时兴

每月送花服务，订购了几回，就失去了兴趣。分析从此不再购买的主要原因是，缺少"花花世界"的氛围，觉得有点孤芳自赏；此外花朵没几天就凋谢，这让我难以忍受——空气与微生物环境对花的生长至关重要。这里空气干净，水源洁净，花期寿命很长，满足我不忍见凋谢的心愿。

决定养花花草草时，必须慎重，尊重一切活物的欧盟法律禁止随意处置，而且还有一系列环保要求，包括对于植物垃圾的处置。这倒是培养勤俭节约的好办法。临走的前一天，感觉此花已有"去意"，寻思着这是人去花凋的通灵感吗？正往垃圾分类处走去，恰好一位老妪正在门口收拾她那小巧玲珑车的后备箱，看到我去的方向就明白大半，冲着我打招呼。我也立刻心领神会，乐颠颠地移交给她。"希望您妙手回春，"我说。硬朗的德国人，对于花的热爱，显得柔情似水，着实让我觉得世间万物都遵循阴阳平衡。

12　解忧杂货铺

5月30日在法兰克福机场登上飞往柏林的航班时,接机的同事突然发来一条消息,看上去就是一张地图,又不像柏林地图;由于困意绵绵,脑海里出现刚上小学一年级,背诵我国地大物博,有九百六十万平方公里……

见到她后想起来这事:"你发了个地图给我?"

"对,特意告诉你住所附近都有哪些超市"。

"我恐怕连柏林在德国什么位置都说不清楚呢。"

"这个不重要,熟悉超市最重要。我说的是社区超市哈,不是日本药妆店,不是24小时熟食店哈!"

"听上去像解忧杂货铺?"

公寓出门仅5分钟,西南方向就是ALDI廉价超市,继续向西南方向挺近,再走个六七分钟就是LIDL廉价超市,往西北方向,步行10分钟左右,能够到达Edeka超市,继续前行3公里左右,则是REWE;往东北方向,则是大型超市Kaufland,据说有人把它翻译成"买大地"。这些超市具有一个共同特点:都是社区的一部分,即隔壁王老五会出现在此;如果他曾经有故事或是行为不端者,超市里也会飞起唾沫星子。

根据某媒体的发布，德国人喜欢的超市依次排序为REWE，GLOBUS，KAUFLAND和EDEKA。章鱼村竟然一个不落。我在京城住所的周边步行可去的超市恐怕只剩下一个盒马孤身一店，再加各种蓬勃兴起的便利店，在价格上完全不占优势，比如711这样的店——美国人认为711就是7块钱卖11块！考虑到它能在24小时内不断地提供情绪价值，诸如避孕套和肉包子这样的货品都能买到，纯属为都市打工族提供情绪安慰，中国城市社会发展指数已经不再以星巴克门店数量为代表，而应该以情绪经济为指标。

所以，能够在柏林逛超市的经历恐怕就像我国时光倒流20年。20年前，我还在家乐福买了个硕大的毛绒米老鼠，抱在身上如同抱了个刚出生的娃，价格不到40元，脏了就同袜子一起扔进洗衣机。除了右眉毛已不知何时被洗掉了，就当是它也老得开始掉眉毛，这福娃毫发无损地陪伴着我从窈窕少女变成中年妇女；无论岁月如何动荡，它始终笑容可掬，拍着它那微微隆起的富贵肚皮，洋溢着青春的味道，透射着我国早年实体超市的繁荣昌盛，那真是一个人人眼中闪烁着发财致富字样的年代。

此刻的柏林西郊的社区超市，没有我国那般人头攒动、空气窒息。下班时刻以及周末，结账处会排起长队，但是购物区不会接踵摩肩，也见不到各种话术的促销员，他们的存在是让你相信买一赠一是大省特省的明智决定，肯定自己的精明。社区超市的存在则是家庭生活场景的延伸。这里的收银员很多都是当地人，前来购物的固定居住者较多，死活不搬家的银发族是主力军。买卖双方、服务者与服务对象都有强烈的社区归属感，这在等待结账时感受比较明显。如果你德语足够精通，估计你会听到各种有趣的对话，报纸上报道张三家的狗得了什么病，李四的媳妇和谁私奔了，旁边的电器店出了个什么新鲜玩意，教堂明天有个什么活动……更有趣的是，收银员都坐在一种类似吧台椅的高凳上，就跟坐在酒吧旁边一样，使你不得不凑过身子想说点什么，甚至想与之举杯相碰。偶尔借助翻译软件，再加上对讲话者表情和肢体语言的理解，我也能打个秋风。在"买大地"里，我这样的老外较多，社区归属感弱了不少。不过结账时经常能遇到一个大胡子的土耳其裔收银员，会胡乱塞给我一堆折扣券。

我把第一次刷某奖学金卡的机会给予了ALDI，到后第三天的下午，富有仪式感地向女收银员出示了这种卡。

"这可是我全部的家当啊，你们可没有这等奖励。"我心里对她说。

"这张卡能用吧？"一边讲着英语一边恭敬地递过去。

她似乎有点疑惑，半熟不熟地在机器上捣鼓几下，冲着我说了几句德语，大概是让我刷卡。出国前为了能够使用这张卡，我在发行此卡的某行营业点耗费了两个小时，员工们几乎全体出动，轮流来帮我理解此卡的各种交易规则，引起了不小的骚动。

"小张，这是啥情况？"

"小李，从没见过这个功能怎么激活？"

"老王，你问问老林！"

有位年纪颇长的大姐员工，热心无比，拼着老命地琢磨这卡的各种不好使，展示着自己十八般精湛业务能力，那表情

似乎在说我肯定比你们这些毛孩要懂啊！她至少冲我嘱咐了五回，"您千万要本人使用它，不要给别人"。

"是，您费心了，我一定像保护生命一样保护它。您放心，有我在，它就在。"

如果此时受到过百般重视的它刷不过去，不仅辜负了大姐，就是我现抢银行也没有用。我闭了一下眼，向此时还未上班的上帝祈祷了一下，郑重地输入了密码。由于我的动作较慢，收银女人显然缺乏耐心，嘀咕了几句，几秒后系统显示刷卡成功。事后，我和另一位当时也在欧洲使用此卡的朋友共同认为，此卡的智商比较低，甚至不能网上支付，尤其是我那朋友爱四处游荡，她忿忿不平地说，这卡太傻了，到了某个鸟不拉屎的地方，啥也干不了。由于我更喜欢待在柏林这样的大城市，享受更为便捷的金融基础设施，接下来的时间里，这张杰出的"傻卡"倒是没有给我找什么麻烦，我俩和平地相处到回国的那一刻，从此放在我的书桌上，享受着阿甘正传的修成正果。傻卡也有傻福啊！

ALDI是赫赫有名的廉价超市。对于我这样还不知道如何算计购买频次和数量的短租客，缺什么就直接溜达过来，晚饭后还能消食兼修德语。社区超市每家都有自己主打的明星品牌巧克力，在专柜上展示。这家超市主打Merci系列。在廉价超市里，Merci是耀眼的明星，基本上标价最高，国内某电商也爱销售这种巧克力，由于它的外包装设计既时尚又简约，每块是独立包装，7.7厘米×1.7厘米的长宽比例，使其显得格外纤细，中段有一道刻痕，仿佛楚王掌中腰，触发你对它的爱慕，又带一点大都市的洋气。在事关柏林老百姓吃穿住行的细节上，简约实用是头等大事，不过总会有那么一点时尚和别致的气息，让物品显得简约却不单调。德国同事还为我普及ALDI的奇闻逸事。首席执行官西奥·阿尔布雷希特被绑架后，他不但向绑架者给自己的赎金砍了价还在获释后在法庭上宣称这笔款项为可抵税商务开支。

逛ALDI多日后在公寓楼遇到一个新搬来的阿根廷男科学家，穿着比较讲究，夫人随行。

"你们总统的发型与特朗普很像啊！"我打趣地说。

"他提高了国家整体的自尊水平。"

这番话说得真有水平。

"您平时去哪家超市？ALDI？"

"我才不去ALDI，"他扬着眉毛，"你没见苍蝇每天在面包上转悠？"

"那倒是，天天看到。那您平时去哪家？"

"去LIDL，品质会好不少。"

于是我打开5月30日收到的地图，还真有这家。

我把ALDI当作我老妈在门口开的店，每次给老妈塞点钱，然后顺点啥回来，有啥吃啥，有啥用啥，好过没有，总之不想挑挑拣拣。带着这种想法，对于苍蝇在面包柜里飞舞的热闹场面，我就当看不见。好比小时候夏季湿热的南方，苍蝇总要出现，老妈总是忘记罩纱斗笠，老爸一阵抗议后总归还是要吃掉，大不了，拉拉肚子。又想起澳大利亚的笑话，其口音是因为遍地飞舞的苍蝇经常在张嘴说话的时候被误吞下去，所以发音奇特。这比起面包柜里的苍蝇真不知道好多少。何况，我更介意公寓里永远也逮不着的蚊子。突然想起来给德国的华人朋友询问一下，哪有六神驱蚊花露水卖？

"ALDI肯定没有。"朋友坚定地说。

"连被子都能买到，竟然没有驱蚊的货？"

"俄罗斯人不怕熊，德国人不怕蚊子。"朋友补充道。

于是，我也决定换换逛超市的口味，上LIDL转转。

LIDL地方不大，但是水果供应极为丰富，尤其是德国本地产的浆果，从夏天一直吃到秋天，天生就是尤物，长得楚楚动人，生津又止渴，真是表里如一，就从未买到过不好吃的浆果。还有西班牙产的蜜瓜，个个肉多核小，酸甜适度，水灵多汁。在一个属于社区的超市里，能够尽享欧盟各国美食。为此，即便苍蝇乱转，也忍了，更何况价格还十分公道。在京城，水果比蔬菜贵上三倍，甚至赶上肉价是很常见的事。

超市里还有柏林独有的一些美食，

–Currywurst，一种香肠，上面放有辣咖喱番茄酱；

–Döner烤肉串，受土耳其风味的启发，这种标志性小吃起源于柏林；

–Hoppel–Poppel（霍珀尔 - 波佩尔），类似把剩菜剩饭再烤一遍，也被称为Bauernfrühsück（农民的早餐）；

–Berliner Weisse，一种特殊的小麦啤酒，在柏林酿造，配以覆盆子或Schuss（伍德拉夫糖浆）；

勃兰登堡州的一些饮食习惯也会在LIDL里看到，据说是受斯拉夫饮食传统的影响，淡水鱼、土豆以及块茎和块根类蔬菜比较常见；德国超市里卖的土豆有明确细致的分类，分为炖汤的、做土豆泥的和拿来煎炸的。当看到整条鱼出售时，我有种莫名的兴奋感。今晚做个德式鱼汤吧！再配上京城少见的白芦笋，配以蛋黄奶油酸辣酱，煮土豆和火腿，真是美味无比。每次想吃鱼的时候，就会上 LIDL。

作为国民超市，LIDL 在欧洲杯期间成为寥寥无几的德国赞助商之一。媒体感慨中国广告一统天下；天呐，在德国举行，竟然满眼都是中华品牌！Lidl 品牌前身为 80 多年前一家欧洲小型食品批发店，目前，Lidl 超市遍及全球 30 个国家，运营 10000 多家商店，并在 28 个国家设有超过 150 个配送中心，成为德国发展迅猛的一家零售商，它与 ALDI 一起将世界零售巨头沃尔玛赶出德国，仅此一役，名声大振。随着沃尔玛在欧洲的势微，在整个欧盟地区，它的发展势头甚至已经赶超老大哥 ALDI。在 LIDL 结账时，经常看到一个相貌丑陋牙齿歪斜生长的中年女收银员，在吧台椅上一边搔首弄姿地撩撩头发，一边和结账的王老五男人们热烈地聊天。见到我就没这么好气了，经常嫌我动作太慢，有时候会直接把已结账的物品推到一边。也不知道是嫉妒我的牙齿好看，还是算准了俺不会在社区久住。

此时是显示中华民族雍容华贵之气度的最佳时刻，我会摆摆手，把物品挪回位置。

"这样可不好，不过我还是要谢谢你。"

不过，快乐无比的饮食也抵不过蚊虫叮咬的烦躁，加上又没有空调和电扇，我决定对屋里进行一遍大清洗，并且动手换纱窗。公寓里纱窗娇嫩无比，一戳就破。

"杀虫剂那玩意，杀死蚊子的，有卖的吗？"我问阿根廷科学家。

"那你得去买大地"。

"纱窗呢？"

"也得去买大地。"

鉴于天气日趋炎热，蚊虫越来越嚣张，我决定周末去趟"买大地"。

Kaufland 好比是德国的沃尔玛，是个巨无霸超市，占地的确很大，有万把平方米。符合"大地"的气势，好吧，其实我讨厌大型超市，逛沃尔玛这样的超市对我来说有沉重的心理负担，成为我选择的噩梦；再加上我国超市里的推销员更是让我头疼不已。现如今消暑纳凉与享受德式购物成为我主要的乐趣。推销员更不是"买大地"的主要问题，望穿秋水，挠头半天，也看不到一个服务员，经常要绕来绕去十来分钟才能看到一个正在清点某货架的人，那一丝不苟的样子压根就不想理我。会过日子的购物者都在结账时把一堆花花绿绿打折购物券郑重出示，超市推销员在此无法成为一种职业。

Kaufland 主打 Lindt 巧克力，最新款与最受欢迎款在最醒目的货架上。我对于巧克力曾在研究所做过随机访问：

"你们认为德国本土最好的巧克力品牌是啥？"

"当然是 Lindt。"

追问："难道不是 Merci？"

又答："那是工业产品！"

又追问："那 Ritter 呢？"

再答："那个也不够好！不过当零食挺方便，块头小，便于掰开分享。"

德国人在此方面让我有些捉摸不透，Lindt 是瑞士品牌，中文叫它"瑞士莲"；Merci 是个风雅的法语单词，是"谢谢"

之意。柏林人的认知系统中似乎认为世界"好物"都是德国造。

Edeka 更是某种连锁型社区治愈系超市，章鱼村这家 Edeka 面积估摸着不超过 5000 平方米，非常紧凑，顾客和工作人员都显得和蔼可亲。我在德国遇到的第一个主动让我插队的老人出自这家超市，有一次在结账排队时我出神地看着一种除口臭的薄荷糖，正在琢磨包装上渔夫与口臭之间的关系时，前面的银发老头转过身对我笑意吟吟，好像孔夫子再世。我茫然了几分钟，终于明白他让我先结账。这是德国超市的特殊规矩。如果你后面的人手里只有区区一两件，你最好让人家走先。恍然大悟后我拍拍他的肩膀，回赠我流利的德语"非常感谢"。此外，有位帮我找了半个小时无糖酸奶的美女服务员，很认真地请我看过所有酸奶的糖分含量；还有位在梯子上爬上爬下帮我找护发素的小帅哥，比我还失望地说："很抱歉，我店没有这样的东西，但有这种 0.99 元的护发油。"

Edeka 工作人员包括收银员比 LIDL 和 ALDI 教育程度显得更高，能讲英语，也会帮助我结账，富有耐心和同情心；有时男女之间会相互说俏皮话，老主顾结账时也会凑过来打个趣，总之，如果我能开口讲德语，也乐于加入这样的社区互动。这符合我的山东人文精神，以至于在后期我渐渐只去 Edeka 购物。

Edeka 继续往北先路过俄罗斯超市，接着路过土耳其超市。俄罗斯超市门口经常有鱼子酱的广告。和邻居一起路过此地时她总是神情严肃地对俄罗斯的各方面稍加评论。比如：

"你看，欧洲有 4 种鲟鱼——白鲟、俄罗斯鲟、星鱼和小鲟，能够生产鱼子酱。都是野生物种。据说在法国鱼子酱的销

售税比房屋还贵。"

"反正您也不做饭,操什么鱼子酱的心。"我回应道。

朋友建议应该去俄国超市看一看,"那有多宝鱼和鲫鱼,猪耳朵、牛、羊、猪、鸡、鸭肉,竟然还有新鲜鸡爪和鹌鹑,水果蔬菜种类不算多,不过有香菜。"

直到临走前我也没去看看俄罗斯的超市,欣赏一下鱼子酱的外观。

"土耳其超市有不少中国货。我一定要带你去看看。"经邻居隆重的推荐之后,我觉得有种帮她提升国货鉴别能力的责任感,欣然与她共同前往。

刚到超市门口,就被那门口摊位的火红金黄的瓜果惹得流口水。土耳其人爱吃西瓜,2023年是西瓜消耗量第三大国,吃掉了3.1亿个西瓜。当然我国以156亿个雄踞榜首。我自打入夏也没吃上西瓜,决定在柏林买个西瓜。吃西瓜这件事上土耳其与中国都显得极为农家乐,吃法主要是靠啃。西瓜被切半或者切成四瓣,被保鲜膜封上摆在木板上,即便是1/4,也有1斤重,至少有10块被整整齐齐摆放着;摊主是个大胡子男人,穿着超市的工作服,裹着围裙,极为喜庆地切着蜜瓜,举起保鲜膜向我招手。此时已临近中午,所以摊主并不担心卖不掉,柏林近期的炎热使得西瓜销量大增。

"品相真不错!"我一边讲着中文,一边竖起大拇指,一边给国内的吃货们拍照片。"这很中国味!"我对邻居说。

"1公斤2.49欧,超市会员价1.49欧。"他指了指醒目的价签牌。

以我对食品安全从业的标准,稍加判断了一下他那农家把式的操作标准，又观察片刻，没有发现苍蝇在此转悠，于是我对邻居说：

"我买这块，咱俩分。你不用付钱。"

就这样，我在柏林吃上了2024年的第一块西瓜。

我们接着开始鉴定中国货。香菜、辣椒、茄子、北瓜、玉米、豆类十分齐全，非常适合中国胃。各种油盐酱醋，一应俱全，中国食材的丰富程度完胜所有其他社区超市。这让我感到意外。看来想满足中国胃，还得舍得走远路。我对有一半土耳其血缘的邻居表示赞赏，认为我们祖上可能真是一家人，某欧洲媒体更是把土耳其和法国、中国共同列为世界三大料理，胃相似而习相近啊，这拉进了我与邻居的距离。

鉴定完之后，我坚定地选择了一种极为原始的土耳其面包，除了麦香十足，还有特殊的发酵味道，这种面包比德国面包入口松软，制作过程很舍得放橄榄油。唯一的缺点是，即便一个尺寸也太大，并不适合我这样孤身一人用餐需求，我得吃上三天。鉴于我很难在中国天天吃到它，我最终还是买走了一个2斤重的大面包，这家伙能供我食用3天。德国朋友向我抗议道：你跑到德国来吃什么土耳其面包？2015年联合国教科文组织正式将德国面包文化纳入其非物质文化遗产名录。全德国有超过3200个经过官方认证的面包种类。生机勃勃，瓜果飘香，蔬菜葱郁，中国味道，还有大胡子向你问好。还求什么呢？

就在DHL的快递小站的旁边，快递小站就在一家家族面包甜品咖啡店旁边。首次发现土耳其超市是因为汉诺威的邻居小姐姐亲自陪我到DHL办理快递业务，这快递小站就像个集

合简易版半自助快递服务、邮递所和报亭的混合体。报亭已在北上广深绝迹,一切内容都在网上看,所以这里的杂志引起了我久违的文字感觉,书写与阅读是一种原始的人类情感。德语版的各种生活杂志在一侧的自助区整齐地摆放,价格不菲,同时出售各种情绪时刻的明信片与贺卡。我选了张设计感爆棚的感谢卡,最终也不知道送给谁。邻居显然被我的热情调动起来,她去我那蹭第一顿饭时就和我说自己懒,甚至懒得社交,宁可在公寓里看美剧《超人》打发时间。我那山东血统天生对邻居感觉负有责任,经常在她门口留点食物,感觉跟喂猫似的。出来后又拉着她上快递站旁边的糕点咖啡店逛了逛。进去的时候,一位20出头的德国帅哥正在为新来的店员展示着如何给客户用纸包装糕点,就像编程一样步骤精准,我耐心十足地等了5分钟。

"抱歉,让您久等了。"

"没事,我看明白了,以后就按你们这种办法包我的面包。"

帅哥和店员都乐了,英语超好。

"我们还有自家烤的小饼干,比较酥脆。"(其实就是三无自家土特产。)

"那就来一份。"

"您先尝尝。"

这样的购物交流,尤其是观看如何用纸包一块面包,在电商主导购物体验的时代,很难遇到。

与超市不同氛围的是农夫市场,章鱼村也有这样的去处。尽管在超市里经常看到老太太拿着农产品又掐又捏的,但真正

能够肆无忌惮地这样做的还是在农夫市场。超市里卖的是大众货色，农夫市场里可以买到农民自有的品种，几代人都坚持用传统的方法进行新品种的开发，满眼都是五颜六色的茄子、胡萝卜，形状各异的莴苣、西红柿，找不到完全一样的大小，有些还长得不好看，但有米其林餐厅的大厨到此一游，几番掐捏品尝后，订上几公斤。柏林日渐繁荣的餐饮业催生了这种农夫市场的顾客群体。令我感到振奋的是，在某些农夫市场，一辈子卖菜的家族摊位特别多。

"我在这里从1948年开始卖菜。我看着我的顾客长大，生儿育女"

"我每天的工作就是早上在店里盘货（菜），下午去田里看看，晚上准备第二天摊位的货。"

"我真的很累，不过我已经干到80岁了，这是我的生活的全部。"

农夫们是文化的活化石，农夫市场的存在是文明香火的延续。

13 高山流水觅知音

13.1 现场音乐会

你办公室平时闷不吭声的同事,说不定今天下班后就钻进了某个音乐会或夜店,要我说柏林人除了工作,不是在度假,就是在音乐会上,或者半夜在东西柏林之间的夜店乱窜。没有音乐会和夜店,柏林人恐怕会得抑郁症或是与俄罗斯人一样沉溺于烈性酒中。而柏林低廉的生活成本与曾经低廉的房租,使得柏林有种颇为接地气的国际化,全世界穷得叮当响的艺术家都愿意到"穷而性感"的柏林开辟一番新事业。

其结果是,这里的音乐会水准较高,而且具有国际大都市都羡慕的文化多样性。网上售票有时会标明是否提供英语,甚至明确告知"本剧只用德语表演,请慎重选择"。根据某旅游网站的统计,在柏林的老外英国人最多,爱尔兰人、美国人甚至大老远跑来的澳大利亚人也不少,所以这种标注比较友好,此外还有四通八达的德铁,可以坦然自若地穿着晚礼服乘坐DB,在此地不用担心不匹配。

德国人闷骚，闷骚到没人知道他们是最喜欢现场音乐会的物种或者之一。神经科学对于现场音乐会之所以被趋之若鹜的解释是，第一，遍布大脑的所有神经网络都被调动，从情绪到感知，甚至遗忘的记忆都会被找回来；第二，由于是现场，总有意外事件发生，在各种场景下又总是变幻无穷，与看视频回放的预期大不一样。人类的大脑天生对于意外事件能够制造更多的快感。仅凭此两点，就可以想象德国人有多闷骚！

音乐会在新牛津词典的英文定义是在公众前的音乐表演，主要由几个表演者完成或者包括几个独立的部分。朗文词典的英文定义就更简单了，指由音乐家或歌唱家的表演。但这两种定义似乎都不能表达柏林式音乐会撩拨人性的"骚"。这里的音乐会内涵过于丰富，从能够让"肝肠寸断"的柏林电乐到款款深情的酒吧爵士，从让人伤神费脑的瓦格纳歌剧到让人头晕目眩合不住下巴的杂耍表演，还有充满异国风情让人笑泪夹杂的俱乐部小众音乐剧，也有群众水平的芭蕾音乐课，这里有很多男人很认真地学习如何跳小天鹅，所有这些在售票网站上基本被归为"音乐会"类别。还有数不清的免费社区音乐会、教堂音乐会，但要准备好捐钱，多少都行啊！柏林人也喜好万人集聚的露天音乐会，4点以后，光着膀子集聚在随便哪个广场，举着啤酒，嚼着肉肠，踩着震天响的音乐节拍，万人齐喊，那可真叫一个热闹！

"你一定要去御林广场的露天古典音乐会！有上万人呐！"研究所的一位同事每次见到我都要强烈给我这样的建议。"什么，你还没去？那太遗憾了！"

不过他也很体恤我瘦弱的身量，"去的话要戴顶帽子，千万别中暑。"

"没事，我能横渡长江。"

我认为现场因激动而晕倒的人多于中暑者。老爹坚定地认为音乐会就是一堆老外吹吹拉拉敲锣打鼓搞出来的现场催眠曲。他曾数次在我国的交响乐现场香甜地睡着，听着他的呼噜，我觉得这也是一种难得的孝敬。

我的柏林之行与音乐会重磅体验季节完美错过。先是错过柏林戏剧节（5月2日至5月20日）；在我如火如荼地开展研究期间，各大歌剧院已经陆续打烊进入休假期，复演要等到9月中旬以后；之后又错过仅仅2天之隔的博物馆之夜。这一头一尾的时间要是能够容我各多待10天该是多么幸运！天知道我的国怎么给我办的手续？既然不能事事如意，在完成了主体研究工作后，7月20日之前我奋力抢到了几张小众剧目票，注册成了德意志歌剧院的会员，本教授从此隔三岔五地收到歌剧院新剧目上演通知，开头都是："亲爱的X教授"！何况，时刻关注各种音乐会预告也是一种极大的乐趣，预告中有以下几部的内容堪称德国与欧洲社会与文化大观，足以激发从肉体到精神的全方位体会。

"Falling-in love"（译：下降—恋爱），此剧的创作者是功成名就的艺术家，为了探寻一位年轻的聋哑诗人是否能找到能让"墙壁摇晃、让爱情绽放的词语"。不知道什么样的词语能够让墙壁摇晃？不过该剧的参演人员多达100个，还请到了两位顶级又古怪的服装设计师设计舞台服装和效果，一个是法国男设计师Jean Paul Gaultier，他喜欢通过服饰探寻色情世界；而一个是俄罗斯女设计师Sasha Frolova，她的专长是用充气乳

胶设计充气雕塑和乳胶服装，用五颜六色的弹性材料创造出精心制作的雕塑和服装的艺术家。她表示，乳胶当二维看起来很无聊，但当它们膨胀起来时，那就很美妙了，看着就像活过来了。"乳胶这种材料很特殊，它有一种诱惑的内涵，天真又暧昧。"她还表达过要拯救世界性问题，艺术能够有所作为。我不知道充气娃娃能够如何拯救世界，但是如果有发动战争想法的人真的在一个充气娃娃面前能够放弃打仗的想法，我愿意购买 Sasha 所有的充气娃娃，向所有的战区投送。不要小看了评论区对其的评论，至少好几个英语国家的评论都是："舞蹈、服装和音乐都很棒。""这可真是一场精彩绝伦的演出！"

"JOSEPHINE– The Queen of Entertainment"（译：向约瑟夫娱乐女王致敬）是为了纪念一位独特艺术家约瑟芬·贝克（Josephine Baker）而创作的剧目。JB 是第一位进行巴黎先贤祠的有色人种女性，曾经穿着 16 条香蕉组成的"围裙"表演，很像把"鲜肉"挂在身上的 Lady Gaga，为了抗议美国人的种族隔离制度，她放弃美国国籍，加入法国国籍，在二战转行从军，成为间谍工作者，用乐谱夹带情报。这样离奇的经历发生在艺术家身上恐怕也是百年出一个。剧目宣传称该剧在向一位独特艺术家致敬，她是舞台明星、自由斗士和偶像，是一代又一代艺术家的先驱和灵感源泉。而致敬的表演方式则是通过爵士乐和摇摆乐进行杂耍表演，表现那个年代的逸闻轶事。

在柏林，音乐剧与杂耍的结合是一种奇妙的事物，除了称其为"大秀"，还真找不到更好的词汇，又不同于邮轮赌城秀，后者似乎老少皆宜，又"土"又"香"，无需太高的教育门槛，达到能够随着我国广场舞翩翩起舞的音乐水平足以看懂

一场"邮赌"秀。看柏林秀就好比要同时品尝茅台、上好葡萄酒以及本地造啤酒,需要理解"三中全会"的精神不是一件容易的事。"VARIET GAGA"(译:疯狂柏林秀),构思了一位英国留学生在柏林的时空穿越经历,通过遭遇各种离奇人物,从瑜伽老师到梦想创业家以及 Berghain 俱乐部常客(又作"贝家夜店",这可是世界上最难进的夜店),瞬间走过柏林 25 年的峥嵘岁月,25 年的街景在舞台上交相呈现,让人目瞪口呆,怎么还能这样演杂耍剧?按老爹的理解,碗能够被抛向空中再用头顶接着就已经是绝活了。理解这样的场景需要理解东西柏林的历史和各种音乐流派,理解为什么上百人愿意在 Berghain 俱乐部前寒风中排上几个小时等待资格审查才能入场。柏林的艺术表现有一种极度理性的混乱,时而忧伤沉思,时而慷慨激昂,时而为了绿色与和平大声疾呼,时而又无病呻吟寻找断臂维纳斯。"疯狂柏林秀"还卖晚餐票,如果你不觉得五官已经被用尽,还有食欲的话,那就请坐在座位上享受晚餐吧!

《两位同性恋男高音轻歌剧》更是世界上第一部"酷儿"轻歌剧,少有的关于同性恋主题的幽默音乐剧。不知哪位翻译大人,将 Queer 译成酷儿,真是神来之译啊!此剧讲的是两位同志恋人相识在大城市,最终在乡村共同生活,与所有拥有美好生活与邻里关系的家庭一样,庭院有棵果树,早餐是自制果酱,与邻居交好。剧目继承了"柏林轻歌剧"流派,把同志间的恋爱搞得既幽默又煽情。尤其值得一提的是,2022 年《两位同性恋男高音轻歌剧》获得"最佳图书"类别提名,荣获德国音乐剧奖"最佳歌词"类别,受到主流文化的高度认可,台词与其中的歌曲长期热播。一想到鲍勃迪伦竟然获得诺贝尔文学奖我就觉得歌词的社会责任实在是很大。显然此剧的表演比李安叔叔的《断臂山》要轻松愉快很多。李安可否再构思一部跨国同志恋的喜剧片？

"文化冲击喜剧表演"则是各国穷酸艺术家合伙拉客的谋生之道，表演者都是老外，除了德语外，英语是最主要的语种。表演以喜剧的方式欢呼世界上不同的文化冲突，文明因在此地冲突而富有喜感。"我和我那叫Jack的朋友正出飞机舱门，我想起来他掉了东西在座位上，于是叫住他，Hi, Jack! 结果瞬间我被几个高大的男乘务员撩倒在地！"这是一位穆斯林的台词。因为恰好Hijack是一个英文单词，意思是"劫机"。这样的喜剧表演通常在柏林米特区的小型电影院上演，剧场虽小，主持人能够与在场每位观众打声招呼，并亲自奉上一杯饮料。演出地点可能选在某个酷炫的酒吧里，甚至在船上，气氛较为放松，不必担心着装是否体面，更不必担心嚼过大蒜是否遭人嫌弃。四到五位来自不同文化背景的外籍演员互相倾诉苦笑过的人生。我认为这样的剧目应该向好战人士演出，文化资助应该思考如何把容忍异类变成一种富有乐趣的体验，是否有助于减少战争？

比起音乐会，夜店似乎不像传播正统文化的机构。尽管在老外眼里都一样，少了哪个都不够德国，德国政府自己却分得很清。在柏林，夜店并不被视为"文化产业"，而是娱乐和休闲产业，文与娱休不互通，娱休可没资格申请政府财政补贴。曾经的例外是电音俱乐部贝格海恩（Berghain），它曾通过与政府打官司以获得"文化机构"的判定，成为唯一一家减免税务的夜店。这多少让"穷而性感"的柏林人有些失落。再听听以下评论：

"到贝家跳过舞，就不想在世界任何一个夜店跳舞了。"

"巴黎有卢浮宫，伦敦有白金汉宫，柏林有夜店"。

"特斯拉在柏林设厂的决定有部分原因是柏林的"及时行乐主义"形象。毕竟，柏林并不是典型的汽车城市"。

"夜店的存在目的就是让人们聚在一起、消除距离。我每去一场夜店派对，要拥抱和亲吻至少40个人。我认为这简直就比任何一种形式的社交都有效果！"

得到如此评价的夜店，怎么能够不被界定为德国文化呢？难道仅仅只是当作赌场一样对待？此外，德国政府自然不会对夜店经济数据视而不见。这产业在柏林是如此发达，营收颇丰，连它衍生出的观光行业也是夜猫子旅客的活动内容。柏林俱乐部委员会和柏林政府官方的统计数字显示：夜店行业的营收额约为2.6亿欧元，创造了近万个工作岗位；每年1300万柏林观光客中（我光荣地被排除在外），有300万都是"夜店游客"，他们在柏林的平均停留2.4天，每日消费205欧元，为柏林经济共计创收14.8亿欧元。柏林夜店很难在世界任何一处复制，因为柏林墙这样的物件，独此一件。没有倒塌的"闷"，就没有夜店的"骚"，旧瓶装新酒的事，被柏林人干得很得心应手。对于"骚"的理解如下：

"这太工业美学了，要知道，这家夜店可是个发电站！"

"这竟然有一扇玻璃幕墙，与河边融为一体！你提到那电乐的节拍时，恨不得一头冲出幕墙，跳向河里！"

"你很有可能在这座混凝土的古怪俱乐部里发生邂逅，与你遇到的第一个人直接做爱吧！"

"这是间东德的政府办公楼,这间屋子曾经是破译密码的屋子,如今充满着大麻的问题。真是神奇!这世界鬼知道明天会发生什么?

"这间废弃的工厂简直是最宽敞的舞池!洋溢着波希米亚氛围,在开阔的天空下翩翩起舞,不用担心汗味!"。

"这就是天生反骨的集聚地。"

"在旧游泳池内听歌聊天,想打个盹也行。"

为了让柏林观光客享受这几十年的"闷骚",最上心的是某行李寄存服务公司,它的宣传词让我印象深刻:"我们提供安全、方便的存储解决方案,让您尽情享受夜店体验,无需担心财物问题。"身处这样的氛围中,不逛个夜店有点对不住柏林对老外的友好吧?不过,夜店虽然体现了柏林墙倒塌后的某种自由,也是某种社会散居者的巢穴,摇头晃脑的夜生活更像在空洞中寻找慰藉,推动社会进步不是这类人群的目标。但就在2024年,音乐产业前所未有地站在了很多社会议程的后面,以狂欢的方式进行抗议恐怕是柏林特有的文化。有一次下午4点,我在市中心看到几个胡子拉碴的男人,似乎还在大麻的熏陶中,眼神迷离地往前走,不知道穿的是古希腊哪位神仙的朝服,个个头顶花环,其中一个推着独轮车,车上放着音响设备,震天响地播放瓦格纳的歌剧;一个挽着装满花瓣的花篮,边走边撒花瓣;其余几个一会儿手舞足蹈,一会儿捶胸顿足。

"整个夏天,你在到达市中心的时候,很难不遭遇音乐人占领街头,他们把一堆堆乌七八糟的音响设备都搬到大街上,你可没地下脚。"

"越来越多的人离开舞池,走到街头。"

"我也搞不明白,为什么越来越多的唱歌的喜欢掺和气候变暖。他们那大喇叭往街头一放,那成群结队地堵在道上,难道不是碳排放?"

"9月13日 A100 Wegbassen(滚蛋吧 A100 高速路!)将继续狂欢,定于 17:00 在马克格拉芬达姆(Markgrafendamm)集合,游行队伍将穿过埃尔森布鲁克(Elsenbrücke),前往位于特雷普塔公园(Treptower Park)的计划中的高速公路路口,届时请您高歌狂欢。"

"与其在混凝土上投资数十亿美元,我们不如扩大公共交通,开辟安全的自行车道和步行区。让音乐来吼叫吧!"

和 A100 Wegbassen 一起蜚声全德的激进文化团体包括 Zug der Liebe(爱之列车),Rave The Planet(狂欢地球吧),Bass gegen Hass(弹起你的贝斯一起反对恨)!世界各地夜店团体都有大串联的趋势,形成一种政治势力。这种趋势将如何发展,我将作为下次到达柏林时的探索之一。

在章鱼村期间,我享受了柏林的免费红利,每月第一个星期天免费看博物馆,并成为最后一季的幸运儿。2021年7月上届政府执政期间启动了每周日免费看博物馆公益计划,80家博物馆参加了计划,直至我离开时,共计 200 多万人次享受了这一福利。展览期间还经常举办各种研讨会、音乐会和朗诵会。为了增加柏林 2025 年预算,福利将于 12 月 1 日后终止,据说削减的原因是每年可节省约 200 万欧元。欧盟媒体纷纷表示:这一决定标志着该市在文化"无障碍"方面的重大损失。而欧洲博物馆之夜我则完美地错过。

13.2 村庄里的音乐会

7月下旬,我正经地参加了一场章鱼村的老教堂露天音乐会。在这之前的某个周末,我做完了手头的研究工作,去教堂溜达是极好的放松项目。我认识了一位和蔼可亲的义工伊丽莎白夫人,已经76岁,步态稳定,耳聪目明,还能讲点英语,每次遇到这样的"老"女人,我都会激励自己至少要活成此状。她说教区也有一个曾经在研究所工作的退休义工,住在附近。

"我看你青春无敌,敢问姑娘芳龄?"伊丽莎白有点调皮地看着我。

"您都76岁了,肯定是我祖母了,这美丽动人的祖母,我真想拥有!"我回应道。

"哈哈!孙女,那你下周来参加音乐会吧。"

她顺手从展示架上取了一本教区活动7月活动日程介绍小册。我表示作为一个外乡邻居的代表,一定要参加。小册通篇都是德语,能辨识出7月有三场,显然我已错过两场,三场究竟都是啥还不能完全明白,索性请邻居帮忙翻译,第一场是传统的德国民歌,第二场是少年合唱团的古典歌曲合唱,第三场是社区合唱团的混合曲目表演,只有这场我还能赶得上。

音乐会7:15开始。到达现场时,我带着一种随意的心态,看其大略,类似现代医疗的无创或微创型介入疗法,我认为最大限度地不打扰当地人,随性地体会,也不要去做什么攻略,就是一种极好的文化之旅。当然前提是你在某一个领域已有爱好,并积累了有关知识。以此标准,我完全符合这样的"无

创"介入体验。我选择了一个空隙钻进人群,前面是一位坐着轮椅的年长女性,有不少人都坐着轮椅。早到的参与者能够从教堂里取用椅子。人群中超过50岁的人居多,我再次觉得自己像初升的太阳,来到地球的另一侧看夕阳中的自己的模样。我既不想去问所有的歌名,也不想打听德语叽里呱啦都说了些什么。我饶有兴趣地看着两拨人轮流上场下场,英语歌似乎都似曾相识,尤其是 ABBA 乐队的经典作品。由于和声部分过于好听,我就索性跟唱起来,一来二去还能模仿德语吐词,让我感受到一种前所未有的舒坦。唱到音乐会结束时,前面坐着轮椅的老太太,竟然回过头来对我笑眯眯地直点头,还冲我讲了一句话,从那表情上,我猜她冲我说的德语是你唱得真好,觅到知音的激动溢于言表。散场的时候,我遵循着传统,免费的音乐会,道义上你得捐钱。想不给钱,你看那举着托盘的义工,身边跟随着一只威风凛凛的猎犬……当然要捐!

这种社区合唱团音乐会让教堂显得十分亲民,像我国社区居委会搞的社区居民才艺大表演,有一年我还参加了社区的钢琴比赛,只不过这里是要为教堂捐善款。其实,参加教堂音乐会让人更具压力,从参加前琢磨着盛装款式到温习宗教礼仪,再到现场听布道,不管那些经文你听得懂还是听不懂,都得在硬质的座席上忍受数小时,不仅游客常常神游与打瞌睡,即便是对拖家带口定期参加礼拜活动的信徒,也是一种精神上的考验。此外,有一种教堂器物对于人性有卓越的影响力,那就是管风琴。

我在纽伦堡亲历了好几场室内管风琴音乐会,对于这种影响力,深感奇妙。到达纽伦堡的首日是八月上旬,我已错过了纽伦堡的管风琴节,教堂音乐会进入淡季,最牛的管风琴演奏者也不知道上哪溜达度假去了。结束工作后,已经是下午5点,繁荣的夜生活即将到来,肾上腺飙升的人群已经逐渐出动,复古街道的商店里挤满了趁8点打烊前狂热购物的年轻女性,还有不少穆斯林女性出没于此。这些穆斯林年轻人裹着希贾布(Ḥijāb),分不清尼卡伯或者阿米拉,脚上不是耐克就是阿迪。像H&M这样的店,等着结账的各国人士已绕店三周;为了躲避炎热,我也在某个时装店驻足了1个小时,仔细查看了各种款式与我国有所不同,那种打折区一片狼藉的景象也让我瞠目结舌,一边是某种款式所有尺码被洗劫一空,一边是不受待见的货被扔在地上。我感慨,女人啊女人!再过上2个小时,少年不知愁滋味的年轻人即将成群结队地寻找夜店咖啡馆,借着酒精的作用在大街上手舞足蹈,不要指望此时他们会是彬彬有礼的少年,不过也不担心会有不良举动。他们会对陌生人疯狂地表达爱慕,也会一把抓住完全不认识的游客兴奋地分享刺激的经历,让你一起前往某地。

我则抓紧时间穿梭于几个主要教堂之间,寻找教堂的公告通知,希望能够看到管风琴音乐会的信息。幸运的是,我在门口张贴的活动告示中看到周日圣塞巴尔德教堂(St. Sebald,德语Sebalduskirche Nürnberg)将在次日中午12:00举办一场和平请愿的音乐会。此地的教堂都不收费,进出都很随意,我已经在此养成了开着门就进的习惯,想停留多久就停留多久。85天已经迷迷糊糊地不知进了多少连名称也没看清楚的地方,进去后恍然大悟地发现与某种认知或者知识点发生了连接。这种感觉十分有趣,好比文化潜伏。教堂也没有安检措施,这对于旅游者非常友好。下午 5 点以后的教堂如此清静，游客三两个以及一两个正在为某个活动在做准备的工作人员。大概在某个时候，偌大的圣劳伦斯教堂，竟然只有我一个人。全城的人此时不知道是在吃冰激凌还是在什么地方躲避炎热。

在很多地方，去教堂听音乐可以与大自然体验或探索众多风景如画的城市做一条单独的文旅路线；这在中华是没有的体验。管风琴的演奏场地可以通过步行或自行车路线连接，这些场地不限于教堂，也包括私人领地和城堡。

13.3　王者归来

罗曼·罗兰写克里斯朵夫第一次听到管风琴的声音，"一个寒噤从头到脚"。我想了一堆中文词汇，大概是：山川摇动，昆山玉碎，女娲炼石，惊天地泣鬼神。那是王者归来的感觉。

第二天，中午 12 点，我来到了圣塞巴尔德教堂，专门寻找这种"寒噤"的始作俑者。昨天傍晚不见人丁的教堂陡然间座无虚席。节目单只提供德语，我大概认出，今天将演出 8 首乐曲，Johann Pachelbel（帕海贝尔）的曲目偏多，还有几首巴赫的。帕海贝尔就是纽伦堡出生的作曲家，巴赫的作品则从骨子里适合做教堂音乐，不知道谁说过"上帝负责洗涤人间，巴赫负责洗涤灵魂"。被管风琴演奏，则是双重洗涤吧！

我选择了正对演奏者的中等距离的座位，一是担心我过于瘦弱，会被巨大的共鸣声或者气流卷跑了；二是想看到演奏者的表情。而与我同区域的第一排，坐着一对母女，女儿看上去

还在上幼儿园，我有点担心小女孩的耳朵是否会受到影响；老外不少，占了至少一半；我这样的亚洲面孔的老外也快六七个了；银发族最多，单独前来的老人也不少。演奏开始不久，就看到不远处有一位白发老君开始低声哭泣，令我很想给他递纸巾。这段时间以来我在教堂看到过的悲伤表情都来自老年男性，以至于我对德国老年男性的精神状态十分担忧。为此，我给老娘打电话，请她一定要对我那老爹温柔体贴。

管风琴起源于宗教礼拜用途，无论是体积还是音量，都是当之无愧的乐器之王。数万多根音管，音管可高达 20 米，键盘层叠，演奏时发出的共鸣如同飞机起降时的轰鸣。这样的庞然大物天生适合放在空旷的教堂格局里，为重大的宗教活动仪式提供最强的支撑，将催人泪下的作用发挥到极致。为此我推断，管风琴音乐比较流行的地区，犯罪念头可能会受到抑制。毕竟被催泪的同时再受到一些真善美说教的影响，这是任何书本与口号都无法做到的事情。如果推广这种音乐文化能够减少药物滥用和某些不良的夜店行为，公检法的压力是否会减轻很多？

关于管风琴的知识，我请教了一位在德国的美国音乐家，她说美国共济会的管风琴过去是用风箱驱动的，学徒们的职责就是在地下室里敲打风箱，现在风箱已升级为电动高压鼓风机。许多欧美国家的市政厅也会配备这种庞然大物。在美国，甚至大多数棒球场都配有管风琴，较新的球场则配备电子管风琴。其实 20 世纪初的电影院也有管风琴，其中一些甚至可以正常使用；1914 年至 1933 年间，沃利策（Wurlitzer）管风琴公司生产并安装了超过 2,500 台管风琴。一些富豪家庭也

会在别墅中安装管风琴。据说世界上最大的两套巨无霸管风琴都位于美国，一套是最大的全功能管风琴，位于费城市中心的梅西百货；它是一套6键风琴，有28,750个音管，曾被许多著名的管风琴家演奏过，甚至还有专门为其创作的乐曲。一套是音管数量最多的管风琴，位于美国新泽西州大西洋城礼堂管风琴（Boardwalk Hall Auditorium Organ），又名"米德默－洛什（Midmer–Losh）和波塞冬（Poseidon）"，由米德默·洛什管风琴公司于1929–1932年间制造。流行的说法是它有33,112个音管，官方则表示确切数字还是未知，不过又表示7个键盘和1,235个音栓都是世界之最。吉尼斯世界纪录授予它"最大和最响亮的乐器"。据说它让一架全速起飞的747飞机都显得安静无声；第一次演奏时，礼堂里的窗户都被震碎。即使在今天，它也还没有完全投入使用，但一旦使用一次，偶尔会将天花板瓷砖或是什么玩意彻底震松，这个时候哪国制造也敌不过管风琴的威力。近50年来，经历了飓风、水灾、建筑施工、疏忽维护、资金不足等九九八十一难，终于获得了数百万美元的修复计划，至2024年已修复了65%，现在每天都会举办音乐会。修复委员会希望到2029年让管风琴恢复100%的功能，想象一下修复完成后它会如何发声？同时盖过多少架飞机的轰鸣？我在圣泽巴尔德教堂选择稍远离它不无道理啊！

在欲望多的当代，据说人类社会有1,500多种乐器。没有一种乐器能够像管风琴这样影响人类的精神世界。人类的感官体验更加多样化、世俗化，但灵魂并没有随着音乐形式的丰富变得更有魅力。管风琴让我觉得简单与复古有一种召唤力。如果感到空虚，不妨去教堂听管风琴流泪吧！

音乐会结束后，观众向四周散开，朝各自心之所向的部分进行探寻。借助一张几乎对我不能有任何启发性的简陋英文介绍，我想各种圣物与艺术品进行了简短的浏览。不过，我那中国脑在回柏林的火车上就已经想不起来这些传奇的物件，再后来，我向我需要蛋白酶来催化唤醒我的记忆。但是，包括管风琴在内的物件挥洒着西方世界的雄武气象，犹如王者归来，演绎着宗教的家国情怀和精神世界，影响着世俗世界，有一句口头禅叫"看在上帝的份上"！各种政治与皇权斗争的背后都有前赴后继的高尚教徒。富有感召力和正义感的教义，如同我们的四书五经一样，代代相传，这真的不是什么坏事。此外，离开前，我在留言簿上大笔一挥，炫耀我那英文书法的同时，为此次音乐会的主旨画龙点睛。"别忘了，你是为和平而来的"，就这句话吧！我还代表我那喜欢表达意见的老爹隆重地书写了中文，把他老人家的旨意恭谨地写在离他 8,358 公里的地方。音乐会完美收官。

13.4　尼克松在中国

7 月底，访学工作告一段落，我决定前往大名鼎鼎的德意志歌剧院看场歌剧。已临近各大歌剧院夏季休演，在演的曲目少得可怜，但有一部仅凭名字就深得我心——《尼克松在中国》。这是一部有点荒诞的超现实主义美国当代歌剧，以 1972 年尼克松访华事件为背景。我毫不犹豫地买了票，一是因为与中国相关，二是因为全剧用英文演出。也由于该剧网评毁誉参

半,我怀揣着复杂的心情来到现场一探究竟。

我的左侧座席进来两个不知好歹的毛孩,穿着一身不知道从哪里弄来的西服,显然没有见过什么世面,两个人叽叽喳喳地说到开场。紧挨着我的毛孩甲拿出一袋酸奶油薯片,滋啦几声撕开了口。尽管咀嚼的声音并不大,但从撕开的一刻起,脂肪酸释放出来的气味在空气中流动。鉴于我之前在歌剧院因微小动作受过白眼的经历,加之这两毛孩也实在缺乏教养,我善意地对其进行规劝:"这是垃圾食品,您看,这么高雅的地方,这食物多不配啊!"听完我的话毛孩甲竟然将薯片递给我,说:"您饿了不,也吃点吧!"

人各有命啊,就等着被人收拾吧。没能超过五分钟,前排的淑女绅士们就纷纷转过头来用眼神与嘴角的各种威严表达鄙视感。但这没有什么用,毛孩们继续一边随着剧情傻笑,加快了塞进嘴里的频次。第一个小时结束的时候,灯一亮,好戏开场了。前面头发花白的德国老先生,侧过身,开始用愤怒的语言对着两毛孩一通咆哮。尽管只能听懂几个有限的词,我觉得老先生有种要把两人的老二扯下来的愤怒感。我的位置夹在他们之间,走也不是,不走也不是,有点尴尬,只好拿出一面镜子装作整理我的容颜。余光中看到毛孩甲的脸上一阵红一阵白的。更有趣的一幕发生在第二场开幕的时候,毛孩甲和乙竟然不见了,位置上空空如也,只剩下一点残存的薯片味。我突然感到有点后悔,没把老先生那番咆哮录下来。多么经典的音乐会礼仪示范教材!

这场音乐会没有给我带来音乐盛宴的享受,事后与一个美国音乐迷聊起时,他郑重表示:"绝非冒犯您,但我从来没有听过这部歌剧，请相信我，连我都没看过，它应该不怎么样。"这句底气十足的话倒没有打击我。无论是音乐、故事、表演本身，表演很卖力气，当众脱衣裸舞的那段炸裂眼球，往裸体上倾倒液体时，着实让我担心演员的身体健康是否受到影响。不过，在现场我真的很想咆哮道：中国压根不是这样的。这场歌剧对于中国的了解处于一种极度匮乏的状态，关于中国的当代史离事实距离很远，基本是浮于表面的理解；博人眼球的戏份较重，在艺术性上，或许因为极度荒诞甚至充满了肢体语言而受到追捧。如果说它能够演出至今，很可能因为中国本身越来越强大，凭借这部歌剧的名字就能存活下来；也因为它能给一些小众艺术家创造舞台，发掘自己的未来，尤其是亚裔演员会因此受益不过团队也有来自五湖四海的人员，某次在一处火车站迷了路的时候，就遇到一位英雄救美的荷兰帅哥，说在此歌剧中做实习生。世界各地的人来出演一部中国题材的戏，展现了音乐的无国界凝聚力。我国在发展登月计划的时候也应该资助更多的人前往欧美学习艺术与音乐。

此外，我发现尽管在生活与工作场合，德国人都绝非幽默的民族。我记得十年前某国外网站发起的一项世界性幽默调查中，德国人被评为最不幽默的民族。从语言本身来看，德文语法的系词与动词组合过于繁琐，不容易像英语那样形成一语双关的幽默；从民族性来看，德国人不像美国人那样"自来熟"，像我这样和T主任至少表面上混成哥们的情况真不多见。我见过的德国人大多严肃又认真，充满距离感，工作时很难主动发起幽默。他们甚至因为二战那段不光彩的历史，经常被作为反面例子，我听闻过的有：美国二战老兵不愿意吃德国产巧克力，意大利房东和德国租客吵架时称租客为法西斯；某次德国人参加欧洲某国际展会时因为来人太多被戏谑为人数之多足够入侵波兰等等。但我在这部现代歌剧的表演中，发现他们其实颇具喜感，对政治有种绝妙的讽刺能力，喜欢表现超现实与混乱，还喜欢肢体闹剧和夸张的服饰。只不过这种喜感只在特定的场合能被感知。看完歌剧后，他们彬彬有礼地互道晚安，各回各家。几分钟前他们还在现场和演员互抛热吻，此刻，离开剧场时，竟然一片寂静！

此番看戏还另有见闻。在售票大厅排着队等换票，眼见着前面的两位外国女士与售票员那热火朝天的聊天就要结束，右侧一声巨响，我还没反应过来，一位老大爷突然摔倒，手里的拐杖压根没起作用。我以为大事不好，老大爷看上去至少80岁。但令人惊异的是，他立马被眼疾手快的旁人搀扶起来，毫发无损。估计过于清瘦，摔得不够分量，使他免受重力伤害。他的表情出现懵逼感，对这突来的一摔还没有反应过来，不过很快就对施救者露出微笑，泰然自若颤巍巍地挪着步子离开。已经不能用走路来形容他，而是在拐杖的协助下，碎步挪动。歌剧院傍晚只演一场剧目《尼克松在中国》，一位八旬老人，独自一人来看一场稀奇古怪的非正统歌剧，还为此摔了一跤，让人感觉五味杂陈。剧终人散时，似乎柏林的老人有意为我加深印象，同样来了一出，熙熙攘攘下楼的人群中，一位老太太，独自一人拄着拐杖前行，突然摔倒。《尼克松在中国》除了其荒诞不经的剧情以及裸演的意外，多了两幕老人摔倒的戏份。

13.5 夏日最后一朵玫瑰

临行前最后一周，与某行业协会约定于今天见面，起了个大早。离回国之日所剩无几，不如早早到城中穿梭，看看即将从夏日中谢幕的街景。不虚此行，我"看到了"夏日最后一朵玫瑰，一场以此为名的小型音乐会。

9点不到我就抵达了猎人（Jägerstraße）大街，此街毗邻御林广场，犹如北京建国门外的使馆区。各国使馆、高档商店、餐厅和旅游精品店节次毗邻。使馆门前门口没有警卫，门脸都平淡无奇，与商业楼宇外貌无异，有的则干脆连旗帜都不挂，走近了看到门口铭牌才知道是何方领土，看来大家都顺应了柏林低调闷骚的风格。穿着高跟鞋在洒满晨曦的大街上走了两圈，空无一人的街道只有我脚下嘎达嘎达的"马蹄"声。我一面享受着街道醒来前的宁静，又不知怎么想起曹操的《短歌行》，"譬如朝露，去日苦多"。临行在即，必须珍惜。

估摸着临近会谈的时间就要到了，我步步生风地往会谈地点走去。这是一幢新古典主义的建筑，门口立着一块易拉宝，从通篇的德语中我辨认出：这是一个关于门德尔松的音乐会，将与爱尔兰大使馆联合举办。正纳闷与爱尔兰有何干？转头一看，"爱尔兰大使馆"赫然印在门牌上。就是这么不显山露水。此时，上班人士已三三两两地进出，大家都推着自行车往里走，我与他们交换着早晨的问候。骑行让我觉得此处的使馆人员能更深刻地了解柏林的风土人情，对此地产生感情。就像老布什当年每天骑行穿越北京老胡同时或许在想，我得为这块土地做点什么吧！

开完会后主动要求参观贵楼及其周边。

"楼下是门德尔松博物馆,不过很小。这里曾是门德尔松家族的产业"。我新结交的德国朋友们讲起英语就像讲德语,总是把最重要的事情在最后才说。

"就是那个著名的作曲家。"其中一个又补充道。

"我已经进入'离柏'倒计时。感谢您把这么重要的事情告诉我。真是善解人意啊!"我对他们表示感谢。"这里很像北京和南京,历史总是深藏不露,又被混合在现代用途中,我们都需要善于发现。希望您日后有机会到两京参观。"此时已是午餐时间,我看到他们稀少的头发,决定就此告别,把尽情晒太阳的机会让给他们,赶紧前往博物馆。

博物馆就设在一楼的天井处,其实是门德尔松家族纪念馆,命名为"猎人街上的门德尔松"的展览在此常年设展。家族于1815年开设银行,是普鲁士金融的重要组成部分,在民间被称为柏林最重要的私人银行,直至1938年被纳粹政权清算。该建筑在两次世界大战与纳粹政权中被反复改建,还曾经被东德电影制片厂看中用来当片场。1998年门德尔松的后人终于重新获得该建筑的产权,并一丝不苟地对其翻新重建,恢复了原貌,2004年以来开始对公众免费开放。

地基环与圣母像坐落在天井中间,进入常设展览区映入眼帘的是多座曾经装饰过前银行大厅的半身像和大理石柱,主要展区的面积十分局促,不超过600平方米。墙壁上挂着家族成员的画像,拱形的圆柱绕墙一周,圆柱之间由半身像过渡,四周放置着各种历史画册和藏品,展示门氏银行在纳粹政权前后的动荡历史;曾被家族赞助的科学家洪堡、雕塑家劳赫、画家

海斯都在画册中亮相。欧洲名门望族对资助艺术趋之若鹜,但资助科学就不是那么感兴趣了,对此,门氏家族显然更加富有使命感和远见卓识,家族影响力也因此能够延续几代。家庭肖像和七代人的家谱让人感觉到不仅群星闪耀,璀璨世间,更是子嗣绵延,人丁兴旺。如果以藏品的质量和数量来定义"博物馆",它实在是有点不够格。不过,这里自开放以来造访者就络绎不绝,已经成为当地居民的文化交流中心,各种音乐会、朗诵会和文化研讨会在此举行;由于不是专业的演出场地,座椅都是靠临时租借,音乐会的票价只是大型演出剧院的1/3,演出者有深藏不露的民间高手,也有来此巡游的外国音乐家,更有当义工的大师,对于业余爱好者来说可谓价位亲民、质量上乘。天井十分开阔,天气宜人时,估计在天井搞个诗歌朗诵会或者乐器独奏也能卖出不少票。来得早不如来得巧,我发现三天后就要举行一场音乐会,名字起得十分浪漫,叫"夏日最后一支玫瑰"。正是门口易拉宝展示的内容。担心因为临行事多,又找工作人员了解以往音乐会的现场情况,就决定当日再跑一趟,现场购票。为了表达我再来的诚意,与工作人员,一位70岁的老太太,我叫她亲爱的阿塔莎,能讲英语,与我热情洋溢地聊了好一会儿。

"您如果到了现场,请一定告诉我。"阿塔莎吻着我的脸庞。我想她血统里一定不是德国人。三天后我尽快处理完了琐碎的事情,来到现场。两位老太太正在门口验票,娜塔莎不在门口。

"对不起,座位已经卖光了;我要是卖给你,你就只能坐在门边的长凳上,音乐会长达2个小时,天这么热,我可不想

你晒坏了。"

"我后天就要离开柏林了,一走就不知道哪天再回来。我就站着听吧!"

"通常我们不卖站票,你要是坚持,那好吧,祝您愉快!"这票就是一张小纸条加一张 A4 打印的节目单。老太太也丝毫没有提,里面没有空调,甚至连电扇都没有。

现场真可谓水泄不通,连柱子上都站着人。看来站票卖出不少啊!天井里也坐着几个人。一个临时"遇见"的小型音乐会竟然有这么大的吸引力。娜塔莎始终不见踪影。我站在最后一排,20 分钟后比较靠前的一位老先生似乎遇到点急事,起身往外走,竟然向我招招手,用英语说:"你坐我的位置吧,我得走了。"这可好比送我一支玫瑰。我美滋滋地坐下。

这场音乐会是典型的室内乐弦乐四重奏,到了后半场,一位"英俊少年"小提琴手登台。观众十分喜悦地鼓起掌来,大家心领神会,估计此时都想起了老德语电影《每当太阳再次照耀》中英俊少年唱起《夏日里最后一朵玫瑰》的场景。由于后脑勺看过去,几乎淹没在一片银发和秃顶中,这位英俊少年的出现此时形成巨大的反差,连主持人都打趣道:"太阳来了!"《每当太阳再次照耀》正是我国 20 世纪 80 年代引进的第一部西方电影,又名《英俊少年》。而《夏日里的最后一朵玫瑰》更是一首十分神奇的歌曲,与《祝你生日快乐》一样在世界各地被演绎传唱。它发表于 1813 年,收录于爱尔兰诗人托马斯·莫尔的"爱尔兰民谣集"第 5 卷。曲调是 1792 年的民谣,歌词由莫尔创作,从诞生以来,被美声唱过,被长笛吹过,被多部电影改编为曲目,1884 年就被编入日本小学音乐教材,

在摩拉维亚小提琴家改编成小提琴变奏曲，被俄罗斯音乐家改编成钢琴变奏曲，还重新命名为"苏格兰主题变奏曲"，被贝多芬多次用到这段旋律的变奏。此时正在演奏门德尔松改编成的钢琴幻想曲。

很多音乐专业人士认为，整首歌曲的音程仅有一个八度，唯一有变化的两句不过是最后两个音。这样单调的一首歌为什么会进入顶级音乐家的法眼？我的解释是"大俗即大雅"。大雅且堪称完美的门德尔松也逃脱不了大俗的命运，英年早逝。德国音乐家都自带悲剧色彩，一般分为以下几类死去，在穷困潦倒中死去（舒伯特、莫扎特、贝多芬），与病魔不屈不挠地斗争后死去（贝多芬、巴赫、亨德尔、肖邦、舒曼），天妒英才的英年早逝（舒伯特、莫扎特、门德尔松、肖邦），终身未婚死去（如舒伯特、贝多芬、李斯特、肖邦）。但唯有门德尔松是在富裕和完美的世界中早逝。这让人觉得初升的太阳露了个脸。无论如何，他们让柏林成为一个文化示范城市，身体被摧毁过，无需兜售景点门票，人民自觉汇聚到此，相互赠送"夏日里最后一朵玫瑰"。

从门氏银行街区步行到御林广场，能看到法国和德国大教堂的圆顶。门德尔松故居距离两座重建的塔楼仅150米左右。从艺术的世界一下就能跨越到政治与宗教事务。

14　以后人类和谁约会？

7月初，法国邻居 Aye 来蹭饭，她带着一颗傲视群厨兼八卦的心而来，探寻中华民族高深莫测的厨艺，顺便来蹭雷司令。我向她表示，尽管无法在此等迷你厨房里与贵国比拼一番厨艺，但做得有滋有味还是有保障的，不满意包退包换。此时我对电饭煲做大菜的技艺已经掌握得炉火纯青。虽是异乡为异客，还能主动烧一顿中国饭菜宴请法国人，等于把礼仪之邦和好客之风带到了章鱼村，这难道不值得鼓励吗？

看她已经微醺，该我八卦了。我直截了当地提到马克龙的爱情故事。

"这可真是人家的私事。"

"他是总统先生，这足以令全球瞩目。从主流媒体到花边小报，从公益媒体到商业媒体，随处可见，这可是商业大流量啊！"

"在我们法国人看来，只有你们老外在意这事，法国人自己根本不在意！"这倒是很在理，法国人对报道自己的第一夫人似乎并不感兴趣，反而对她家族经营的糖果生意了如指掌，第一夫人无形中成了带货王。

同时,我们在交流中在交替使用老外,到底谁是老外也变成了一个有趣的问题。

"不妨当个爱情故事或者爱情心理学来好好研究一下。"

"这的确是个浪漫爱情故事。你肯定没有看到过总统先生对小学生讲他的爱情观。"

"那必须得观摩一下。"

于是Aye向我展示了一段马克龙对一群小学生谈爱情的视频,总统先生是这样表达的:

"真正的文明,不是千人一面地裹着同一种类型的生活,1000个人有1000种家庭。"他一边说,一边在黑板上写下这个数字。

"重要的是,每一次我们相遇,都会彼此相爱。最让人无法忍受的其实是彼此并不相爱的家庭成员。"如果说这几句有一点俗套的话,接着听:

"重要的是每个人都有清晰的规划。"说得我频频点头。

"所以我们决定不要孩子。"

"在不影响其他人正常生活的前提下,我们选择了这样的生活。"

我一边与Aye高谈阔论,一边查阅网站,看看"老外们"都如何演绎马克龙的爱情故事。

Brigitte拥有Professeur certifie的头衔,这并不是法国的最高教授等级,但这已足够说明她的智商,她擅长教书,年轻时又很美丽,而马克龙又是个极为聪慧的好学生,挺般配的。

双方都认为对方无可比拟,这是他们能最终走到一起的

原因。

他们各自都不受传统家庭教育的约束,因为传统的家庭必须依靠婚姻而绵延子嗣。

马克龙自幼就是一个天才,酷爱读书,有时会沉浸在自己的世界里,虽年少思想却很深邃,显得十分早熟。

他还是一个孩子的时候,就能驾驭成人世界的事了。他还是一个经常离经叛道的年轻人。

这段爱情故事惊世骇俗,甚至连巴尔扎克或者司汤达都写不出来。

这段姻缘发生在法国的省城,要知道在这种地方,人们之间知根知底;Brigitte 家里还有个食品连锁店,要知道还卖"马克龙"呢!

你瞧瞧贝卢斯科尼和特朗普都娶的谁?我倒觉得第一夫人里,Brigitte 才是最亮眼的最有才华的那一位。

对于任何对此事背景有所了解的英国人而言,马克龙先生只是在延续法国总统的优良爱情传统。他的爱情生活将使沉稳的盎格鲁 - 撒克逊人感到惊奇和有趣。

与那些常常因为载情人回家被拍到的法国总统相比,这对夫妇无论开始得多么不寻常,后面都开始显得像平凡而正常的家庭。

有人说他,生育后代并不是自己未来的有限选择,并不只是父亲一个标签才能定义自己,他有总统的标签和丈夫的标签。这些具有高度替代性。

……

还有我自己的一条评论:

恋爱自由在欧洲不是新鲜事，尤其是跨越性别的恋爱。但娶了一个年纪比自己大不少的女人，反而会引起新鲜感。截至我到达章鱼村的时候，22个欧洲国家承认同性婚姻，联合国2030年可持续发展目标中非常明确地提到要为满足"性欲性别少数人群等弱势和被边缘化群体的需求"而努力。在85天里，从统计学上，我看到的关于爱情平权的报道，同性恋与跨性别恋属于常态，老妻少夫则是"变态"，尤其是遇到下面这件事。

整个7月，我都在努力完成研究报告期，每晚写作之余，都要尽力做到在异国他乡听八卦，收听各种文化类英语广播节目。某晚，互联网电波中，主持人正在采访一位非洲小伙子，年仅24岁。此处隐去国家的名字，且称小伙子为Simon。此国战乱不断，经济低迷，Simon被唯一的亲人奶奶养育长大，没有固定工作，和一群租户挤在廉价出租房里，每个月收入不到50美金，看不到个人与民族的希望。但他有位青梅竹马的女友，这虽然是他人生的精神支柱。只不过在21岁的时候，女友劈腿，嫁给了一位颇有前途的邻国医生。此国互联网应该畅通，因为电波中说备受打击的Simon在迷茫无助的困顿中竟然通过某约会网站认识了一位美国女人，且叫她Laura，这改变了他的人生。

"三年来我们每天都通过网络视频聊天。我们之间开始产生了感情。"

主持人有很强的采访功底，他向Simon询问了感情"生活"的细节，实际上，就像一位签证官一样富有经验，他的问题包括了美国女友的喜好、每天交流的内容等等；他的语言非常平

实、客观,几乎不带感情色彩,只是在不停地发问。十来分钟后,我感觉大戏要出场了。

"三年后两人决定结婚,Laura也亲赴非洲,准备和Simon一起申请签证。他们之间只剩下一个问题,如何让签证官信服,一位68岁的女人和21岁的孩子发生了炙热、真挚的爱情,决定携手共赴未来?

"他们为此进行了充足的准备,所有的问题都有翔实的证据。"主持人继续不带一丝感情地叙述,并且,接通了美国那头Laura的电话。

"你认为你们之间是真爱?"他问道。

"是的,他是一个好男人,我们无话不谈。"

"我想知道你们之间会谈到性的问题吗,可以吗?"

"会。"

"请问你们如何交流?"

"Simon会通过视频一边说话,一边暗示抚摸我的背部。"

"你会有感觉?"

"我觉得舒服极了。"

主持人又接通了Simon的电话,一通闲聊后,开始了直击灵魂的问题:

"你们之间有经济往来吗?"

"她每个月会给我汇200美元。"

旁白:这足够Simon独自租房,衣食无忧了。

"Simon,你确认你爱她和钱这事没关系?"

"很多人都会认为这有关,我也承认这显著帮助了我,但是,我们彼此之间是真挚的,因为我们对彼此的生活细节都百

分之百地在意,我说得出来她的一切,反之也是。"

旁白:签证的时候,签证官最终对这对鸳鸯说,"对不起,经过慎重决定,我还是不能给你们发签证。Simon 很沮丧,而 Laura 并没有泄气。她当场表示,还要再签,还要再来找 Simon。截至此时,Laura 没有能够如愿,因为她于去年接受了一次膝盖手术,这导致她无法长途旅行。"

听到这里,我也哈欠连天,决定洗洗睡了,我祝福这对不寻常的鸳鸯能够早日团聚。随后的日子里,我又听到了另外几桩自由恋爱的事,就发生在我身边。

研究所的同事大叔年届 60,年少成亲,一直奔着白头偕老去,据说夫妻俩十分恩爱,大叔这把年龄了,和人聊天时常常提起另一半,煲起电话粥腻歪得不行。大叔和我在一个组,混熟了也敢和他直来直去聊婚恋问题,他在电话上秀恩爱时有时也不避讳,反正我是老外,听不懂啊!这样传统的夫妻在当代欧洲越来越少了。连政府官员都起不到示范作用,欧洲的第一夫人中都不乏同性爱人和非婚搭档。同性恋、双性恋、跨性别恋正在迅速崛起;OECD 首脑合影时,总会出现同志或拉拉第一夫人。再过几年,恐怕罗密欧与朱丽叶的主题都要成了小众剧场的戏剧,忠贞不一的异性恋即将变成稀缺事物。大叔脾气温和,天性乐观,对此种趋势常常哀叹,更让他有时心烦的是他那唯一的儿子。

"就是不结婚,都同居 5 年了。"

"女友哪人?"

"土耳其。而且至今不会讲德语。"提起这事,大叔的自尊心就受挫,恐怕心里头在嘀咕:难道我儿的爱就不值得你学德语？

"那他们用什么交流？"

"英语。"

"怎么认识的？"

"酒吧。"

"恕我直言，令公子能在酒吧找到一生所爱，这在我看来真是个奇迹。可能我孤陋寡闻吧！你多少要高兴一点。你知道在我国征婚是多么困难的事吗？这个社会似乎又回到只谈婚不谈爱的封建社会，我给你举个例子。"我开始用以下的案例安慰他。

"来柏林之前，我应邀为一位北京户口的90后介绍对象，以下是他开出的择偶条件：北京户口，国家统招大学生，不考虑有留学史，年龄差距上需小三岁及以上，净身高1.68米以上，身体健康，无遗传家族病，无同居史，不考虑单亲家庭，父母要有社会保险与医疗保险。此处已略去其他普通需求。比起令公子的酒吧邂逅，还能交往5年之久，我倒是挺佩服。"

我顺便和他提到一桩有趣的事：一位美国数学家帮助一位征婚申请者通过大数据努力搜索符合以下条件的对象："矮小、好社交、爱礼服、又热衷冬季运动"，电脑给出了一个名字，企鹅。

"所以，爱情任性一点总好过'企鹅'或者'此人只有天上有吧'？"

"但他不结婚不生孩子，这如何是好？我和他妈都结婚35年了！"

"这是基因突变。不过中国人说：儿孙自有儿孙福，别想这事了。"

这样的同事，遇到不止一个。在文化相对保守的联邦机构里工作，家里有这样的"逆子"可能会带来更多的烦恼。但是放眼整个柏林，我意识到这种事都是微粒子一样的存在。至今亚马逊上有本20世纪90年代初版的畅销书《Aimee and Jaguar：A Love Story，Berlin 1943》，讲述的是1943年发生在柏林的异国同性恋，大概是讲一位身为纳粹人妻的德国女人，忍了半个世纪，道出了她在二战时一名从事反纳粹运动的犹太女人的爱情故事。比起1985年上映的电影《柏林情事》，这还算落后了呢，故事梗概是1938年的纳粹外交官家里竟然发生了跨国双性恋，令德日政府同时不齿。柏林人对于纳粹的宏大叙事背景总是离不开"不齿"的爱情故事。一位德国朋友某次自嘲地说："在柏林你可找不到爱情，这里的人一半是同性恋，另一半患有承诺恐惧症。"不来章鱼村，不知道柏林的爱情滋味。

柏林的媒体对这样的观点也十分来劲。有一次在视频节目中看到某社会学家正在就一夫一妻制度受访，据说她写了一本关于多配偶制的书，她侃侃而谈道："年轻一代对于约会的态度越来越'灵活'，他们既不反对一夫一妻，又实行婚姻的无政府主义状态，很多年轻人实行多配偶制。"这当然不是指同时和数人结婚，柏林还不至于率先推翻一夫一妻制，但谁会预测这个光怪陆离的地方会发生什么离经叛道的事呢？

"精灵已经逃出了。"女社会学家继续说道，"有时候年轻人看到父母因彼此不忠而离婚，就会提出问题，既然不愿意从一而终，为什么要一开始承诺呢？"这也不知道是先有鸡还是先有蛋的问题。

媒体接着采访某心理学家,得到的观点是:"千禧一代和之后的一代面临的不确定性意味着更多的人更愿意活在当下,而不是投资于一夫一妻的关系经营。谁能预料到特朗普还能被刺杀?"

生物学家也凑个热闹:"人类的天性反对一夫一妻制。那么,柏林是否在引领潮流?"

最后,主持人一通旁白:欧洲,爱还在,爱的补给可能越来越少,你约会的对象会直线减少,直至人类消失。写到此处,我耳边响起那首经典的歌曲《All By Myself》(根据百度翻译):

那日年少轻狂

I never needed anyone

人不为我所依

And making love was just for fun

视爱如同儿戏

Those days are gone

如意已然远去

Livin' alone

如今孑然一身

I think of all the friends I've known

遍寻旧日友人

When I dial the telephone

电话鸣又再鸣

Nobody's home

但无人回应

All by myself

相吊唯有形影

Don't wanna be

旦旦不再期许

All by myself

一时形单影只

Anymore

一生形只影单

Hard to be sure

但又万事难料

Sometimes I feel so insecure

时有不安之感

And loves so distant and obscure

爱情虚无缥缈

Remains the cure

确是唯一解药

15 大村庄文化各美其美

15.1 柏林大村庄梗概

如果以套娃来比喻，章鱼村是最"里"的一个娃，柏林则是最外层的那个"套"。该如何概括这座城市的骨相呢？我认为最恰当的说法应该是"柏林大村庄"。这座大村庄具有四种特点：第一，有国际范。研究所国际部有位博学的同事告诉我，柏林 340 万人口中有 50 万老外，来自 185 个国家，就是一个联合国之都，种族多样性堪称德国第一。第二，东西柏林分治那段历史影响力延续至今。从美国大兵的驻扎地一路乘坐公共交通奔向地价最昂贵的市中心时，历史也像画卷一样展开。柏林随处都有"隐藏"的历史遗迹，从公寓对面的教堂，到周恩来闹革命的波茨坦广场，从马克·吐温的故居到波普艺术区，从肯尼迪政治酒吧到研究所宿舍前的一块柏林墙：柏林也喜欢用东西南北中以及 12 区来区分柏林。第三，拼贴感较强。既崇尚工业化的简约，又对普鲁士文化充满着认同；城市有很多心理裂痕与对立，大家并不挑明，拼贴在一起，在默认

的游戏规则中彼此独立运行。前卫艺术与地下文化并行存在。第四,没有"中心",说不出CBD在哪,乡下是哪。就像村庄里的人们用着古老的井水烧火做饭,穿着一套笔挺的西服,有时也会是破洞的牛仔裤,驾驶着德国制造出行,一路穿越着普鲁士的辉煌历史,去往最工业化的地方上班。据说有一种柏林精神叫"世界在(再)卷我不卷"。文武双全、铁腕开明的腓特烈二世就号召柏林人,"每个人的风格都应受到祝福"[①]。

这是一座充满艺术哲思的城市,天价的画廊、顶级的古典乐、古怪的小酒馆,电影节、时装周、博物馆、歌剧院、各类主题的展览……各种艺术流派都挡不住地狂奔至此,前卫又时尚,数年以前就有了勃列日涅夫和昂纳克惊世骇俗的一吻,以及德国电信大楼的身上那巨幅男性生殖器墙画。低廉的生活成本更是饥一顿饱一顿的个体户艺术家的天堂。柏林的物价很亲民,这是否注定了穷得叮当响的艺术人士都能在此地启航?这里结合了长沙的房价,北京的政治气氛,上海的小资情调,云南的悠闲散淡。午夜直至太阳升起的柏林,来自世界各地的人群汇聚在柏林寻找自我,或者通过"邂逅"来寻找自我。你会感觉到处是年轻肉体和变性人的味道,但也会在这种光怪陆离中突然想发问"我是谁,我要走向何方?"太阳升起后,柏林又恢复了大村庄的容貌。在柏林,你兴奋过、颓废过,重要的是你思考过。据说有人发起过一个问题:"是谁他妈的发明出国这么孤独的事?"到了柏林,这个问题大概率会上升为哲

---

① 原文的英文是:Everyone should be blessed according to his own style.

学问题，陡然间，你会被引发很多思考。闷骚的人可以凌晨两点打扮成歌德的模样，在酒吧里晃荡，看红男绿女谈哲学，酒吧里还有人知道中国的抗日战争史。当然，如果你进去扮成屈原问九天，你的聊天对象可以从日落排到日出。只要你有稳定的工作与收入，身体好，夜夜都可问九天，一直到老死的那一天。

这是一座市民刻意低调又拉垮的城市，让我怀疑是否不用穿衣服？居住者有多热爱艺术，衣着就有多黯淡。由于我那充满艺术天赋的老妈遗传给我穿衣装扮的技能，常常有人向我咨询穿衣之道，还有让我在社交媒体上开设穿衣带货频道，有人经常向我苦叹一柜子的衣服，临到跟前不知道怎么搭，逛街时总会被商家忽悠你就缺这一件；还有一位科研大咖，说自己时常要把多件衣服在床上摊开，然后想到灵魂都出窍，长叹到底应该穿哪件？大村庄柏林对于这种类型的人绝对"友好"，卿卿日常系列可归结为两类三种，两类是牛仔类和冲锋类，三种是夹克、牛仔裤和冲锋衣。再配上一双运动鞋或板鞋便鞋之类，完美地搭配！有位研究所的女同事，长得一副茜茜公主的面容，从来没有见她穿过牛仔以外的衣服。还有一位同事，甚至坚定地认为耐克是德国品牌，劝我一定要买一双带回国，我表示："完全赞同！"回国前我盛情邀请他陪我去逛一逛"德国耐克店"。这里连参加音乐会都懒得打扮，差不多得了，牛仔裤也妥妥的，只要不穿拖鞋和睡衣，穿得随意些搭乘地铁回章鱼村也方便。这样，省下来的钱和时间，投向各种大秀门票、酒吧还有下午茶，再就是投到钓鱼、走山路和游泳以及钓鱼之类的活动中。公寓对面的钓鱼及海事用品店的种类复杂到无法想象,我的英语词汇对此十分贫乏,别说德语了,连看图说话都很困难,因为完全缺乏应用场景,对此也很难擦出火花,不明用途。总之,登山装备与钓鱼装备决不能省钱。

这是一座野性的城市。从恐龙到昆虫,均为挚爱!历史博物馆的恐龙骨架与柏林动物园的熊猫是柏林人爱柏林的理由之一。章鱼村的几只蚊子不知道从6月的某一天起与我搬进公寓同住,85天里除了干掉一只,其余几只直到我回国之日也未干掉,几乎每晚都要忍受其饱餐后挠着痒痒入睡。我向T主任抱怨时他对此缺乏共情,也没有任何良好建议供我驱蚊所用。向另一位同事诉苦时她竟然回赠我一篇"Science"的研究论文《什么人容易被蚊子咬?》,并告诉我这里的人对蚊子不太敏感。人种的差异在忍受昆虫的阈值上存在巨大的不同啊!某晚熄灯后实在不堪其扰,决定试一试是否能够成功抓捕。开灯的一瞬间,天花板上竟然至少有三种昆虫在爬行!公寓的纱窗似乎就是个装饰,昆虫朋友们能够随意进出。《经济学家》说100年以来,世界上已经消失了至少三分之一的昆虫种类,在柏林还有见到如此逍遥自在的动物界邻居。回国后的一次聚会上,友人善意地向我展示一种补肾的熊胆滋补品,说酒后服用有神奇功效。我表示最好的补肾方式是少喝或者不喝!那一刻我在想,柏林熊肚子被捅破的后果很严重,你不怕对方来扯你的蛋?

这是一座能够360度被了解的城市。柏林天空塔是我对所有来探亲访友者的推荐之去处。也是唯一一处我认为无需本人亲自陪同前往的"高端"景点,高耸云霄的它能够让我从繁重的接待活动中脱身。我通常会直接在网站上给友人买上张VIP

电子票，如果对方是个吃货又小资或带着伴侣，再买张更贵的七夕二人餐，也算是促进牛郎织女的感情，此景只有天空塔有啊！我有足够的自信让天空塔成为他们印象最深的景点：因为它从各个角度都足以让人驻足数个小时，通过准确的经纬度标识分割了360度的视野；铺地毯似的由近及远的文字讲解，不错过每一个重要遗迹诞生的时刻；当然参观者也可以通过选择一个主题，转上一圈后回到原点再另择主题又转上一圈；每一圈都有新的发现。这不是广告词，我自己不喜爱的事物，绝不推荐给友人，更别说搭上我宝贵的外汇储备做招待费。有不少右翼人士会说这是东德的遗迹，似乎有那么一点点酸溜溜，看看这熙熙攘攘摩肩接踵的参观盛景，若非通过控制人流，我想它一定是世界上登塔人数最多的电视塔。

这是一座有治愈功能的城市，除了纳粹，任何理念与行为都有存续的可能。尤其是当你注入了我是柏林人的感受时，你会从它身上找到治愈你、唤你前行的力量。有一首英文歌描述失恋男人最后的放手时，对女人说的是，我把你还给这座城。有时候我出神地反观北京城时，希望灯光和气味治理成为发动老百姓热爱城市的精神文明项目。有位作家说过，柏林的夏日清晨有三种典型的气味：混着柴油味的玫瑰香、共产主义美学的沥青味，以及土耳其面包店飘出的罂粟籽焦香，因为：亚历山大广场花贩的冷藏卡车正在卸货，旧东德老公寓楼顶正在铺新防水层，救济乌克兰难民面包正在出炉。瞧瞧，你有自己的生活方式与生存空间！

柏林大村庄的不足也显而易见：收入不高劳动力成本高，服务业效率低下，服务态度十分欠缺，有时候柏林人会对老外甩脸子，连欧美人自己都觉得柏林人缺乏一种"外在的友好"，也许是过于放飞自我，也可能德国人在品性上和你混熟了会表现得不一样吧！2023年柏林的失业率是5.1%，高于全国平均水平（3.6%），在欧洲不算高，但90%的失业人群属于长期吃低保躺平一族。俺们村发展的欲望十分薄弱，连勃兰登堡机场项目都烂尾数年，还一度成了旅行社推荐的参观项目！与人合作的时候技术细节特别多，不过，脾气急躁的人可以通过与德国人合作磨炼性子，就像我和T主任说话交流时，感觉话越讲越多，我的脑海中立刻出现一幅动画：一棵大树的主干停止生长，而枝干实然疯长——此刻我头都大了。最后，过于崇尚自由，色情业发达到令人担忧，连官媒都自嘲柏林村快成了欧洲妓院总部。

不过，我仍然建议，如果要再深入了解这座城市的妙处，理解它的弱点，还是要学一点德语。

15.2 令人发指的语言？

到了第三周，我开始琢磨着是不是要学点德语，目标是对生活类词汇和食品领域的词汇能够有所了解，毕竟食品类词汇与访学工作相关，作为中国人还喜欢琢磨吃，有一定的学习动力。在朋友的动员下，特意买了几个尺寸较宽的笔记本，原因是感觉到德语单词很长。第四周起，我开始了边写研究报告，边自学德语。进程很快中断，动力被弃之脑后，恼怒到恨不得即刻把笔记本"直接扔到窗外"。阻力来自我根本记不住这种"层峦叠嶂"的单词，对，有一种"长度"叫作"德语单词"。

有多长？16开的页面一行勉强写下2-3个单词。这玩意就像多节拖拉机，多个单词拼缀成一个单词，还不像英语那样有连字符。在我的工作领域，曾有一个世界吉尼斯最长单词，长达63个字母的法律词汇，"Rindfleischetikettierungsüberwachungsaufgabenübertragungsgesetz"，通常简写为"RkReÜAÜG"，意为"牛肉标签监管任务委托法"，由六个单词加上四个间缀组成，通俗话叫"复合词"，学名叫"由多个具有独立语义的单词或基本词素组成的词语"。即便在掌握了多种词性变化规则后，你会绝望地发现不规则变化比规则变化还要多上好几倍，这还不算那些即兴创造的词啊！加之各种变格，一个简单的英语定冠词，竟然有6种变法。

2013年"牛肉标签监管任务委托法"这货被废止后，另一个最长词汇获得世界吉尼斯纪录最长单词桂冠，Donaudampfschifffahrtselektrizitätenhauptbetriebswerkbauunternehmenbeamtengesellschaft。

"多瑙河轮船电力总站建设公司官方公司"，这可是德国官方认可的最长单词。有几次看报纸，一眼看过去，全是令人发指的宇宙长度。还有一个单词作为德国人绝不会漠视，Fußballweltmeisterschaftsqualifikationsspiel 世界杯预选赛，但兹以为是否还没等到发音完毕，比赛就结束了呢？德国的国民性缺乏幽默感是否也因为单词太长导致？因为一句话讲起来很累，讲到最后就像摆了半天的pose，照相的那位也不按快门，搞得自己扫兴而去。

马克·吐温在认真学习了三个月的德语后写下了《可怕的德语》。他建议发明那些复合单词的人"该拖出去枪毙"！我怀疑他在精神与肉体上都饱受折磨。被他吐槽的还包括德语的语法与句法，这其中包括总是姗姗来迟的动词——他认为德语适合倒着看或者在镜子里看；还有那些泛滥成灾的"可分动词"，要么被劈成两半，要么放在最后说，报纸上甚至有时候会把动词搁到下一页！他义愤填膺提出了关于改进德语的 7 条建议，强烈要求德语"瘦身"，加以"修缮"。最后他压住怒火总结道，德语是一门需要 30 年才能学会的语言，只有闲人有工夫学会。

颇有成就的作家尚且体会如此，我就彻底放过了自己。85 天，我哪有那么多闲工夫？！

15.3 老了咋整？

德国是欧洲"最老"的国家，世界第二"老"国。德国 2022 年的平均年龄是 47 岁，到达柏林后，我感觉自己就好比"英俊少年"，无惧年龄，是章鱼村的小太阳。我离开柏林没几天，德国官方公布了一组数据，过去十年，德国 100 岁以上的人口数量增加了 1/4。百岁老人最多的是维尔茨堡。每 1 万名居民中就有近 5 名百岁老人。近一半的百岁老人居家过日子，独身居家老人的比例持续上升。平均预期寿命在经历了新冠疫情短暂的下跌后，2023 年德国的平均预期寿命再次增加，环比增加 0.4 岁，女性为 83.3 岁，男性为 78.6 岁。

德国的退休年龄是 67 岁，2018 年以后，65 岁至 69 岁老年人的就业率持续上涨。银发族坐着不靠谱的公共交通上下班十分普遍，他们穿着冲锋衣，背着双肩包，拿着矿泉水在地铁里啃面包。研究所公务员的退休收入与普通员工差距较大，所

以在柏林寻求一份公职也是很多年轻人梦寐以求的事。"我的养老金在 1800 欧元左右，年轻的时候如果没有好的财务筹划，这样的退休金也就勉强度日。"有一次在社区酒馆里遇到一位 50 多岁的独居公务员大叔，他为我热情地介绍德国的退休制度。他在联邦内政部工作，这将让他的退休更有保障。现在的他，白天上班，晚上带着狗上酒吧坐坐。除了有点孤独，没有什么可抱怨的。

我这亚洲太阳的"来日"存量也快接近峰值，考虑如何能够"方长"已成为我人生思考的重要课题。来之前，我仅仅是秉持一种政见：看待一个国家的发展水平，主要看一看该国的老人和农民的生活质量；来之后，我旨在考查"方长"的实用技巧，求得如何老去的心智应对，更想知道银发经济的德国模式。我确信，在心智上，克服无用感与孤独感胜过一切。我仔细研究了德国社会各界为此做出的各种努力。

在章鱼村翻阅报纸时，我发现了一种"朝阳"行业——老年广告业，老年模特培训公司可真不少。在柏林大街上，我经常看到老年人代言的广告，从护肤品到政治公告，长满皱纹的脸让人觉得十分真实，我想我老了就是这个样子，为什么需要十重滤镜呢？在艺术氛围中长大的德国老年女性，积极地传播着老模老样的活力。在柏林我还看到属于老年人的玩具，一种简易版的跳棋。这种跳棋的棋盘呈十字状，分成 4 个区域，共有 16 个棋子，通过掷色子决定谁先走，走着走着就容易把对方的路堵了，让你生气，所以德国人将其命名为"不生气"：既让你知道生气的滋味，又让你修身养性不生气，非常适合老年人。据我观察，在下这种棋的时候，老太太通常比老头技高

一筹,我亲眼看到过连连闯路的老太太得意洋洋,老头的表情则好像在说,反正今晚你得给我做炖猪蹄,我不生气。

政府还发起创立了"多代中心",设立工作坊,有一技之长的老年人会每周定期和学生一起做项目,从服装设计到厨艺,从摄影到木制手工艺,甚至还能拿老年奖学金。这种中心将老年看护、教育、社区服务、志愿者工作集合在一起。有一种"大灰狼老奶奶"给孩子讲童话故事的俱乐部十分火爆。要知道1808年起,格林兄弟在柏林出版了《儿童和家庭童话集》的第一卷。奶奶们大有用处,信心大增,同时也解决了幼儿看护问题,真是一举两得。人气旺的还提供坊间午餐,你会意外地发现你家80岁的老太太与50岁的"帅哥"成了情投意合的一对儿,老太太外出买菜和买花的频率增多,因为帅哥会来接送。柏林人热爱喜剧,老少同台唱民谣演戏剧是绝佳搭档,单纯又快乐。德国民间还有"长者奖",2012年起每年评选出卓然不群的长者。

政府的多项政策举措还包括:推出老年人参与公众事务决策的权利法案,赋予其更多的参政议政权;建筑监管部门发布"老年人友好"住宅规范,交由商业机构进行融资建设;慈善机构加大"老年人活动中心"兴趣班的建设,只要你有爱好,我就有你的"班";文旅部门定期为老年人赠送歌剧院门票,不知道那日看歌剧时摔倒的二位是否持着赠送的门票摔了一跤;柏林还有为行动不便的老年人设立电话热线和互联网服务,可以提供出行向导预约服务,协助使用各种交通工具;更有一种"老友记"活动中心,由志愿者协助长者联系到发小,安排各种老友见面活动。研究所公寓楼下的社交屋,在我看来

也是个银发老友啤酒俱乐部,几个上了年纪的壮汉在此喝酒烤串,约定不带媳妇,可以带狗,从夕阳西下一直畅饮到狗都打起了哈欠。

据德国政府官宣,目前对养老金水平的有效保障将于2025年结束。如果政府不干预,养老金水平最早将于2026年降至平均工资的48%以下。老了咋整的问题可不能开玩笑,事关政权稳定。2024年起,更有多名政治家表示要对养老金加大资本运作。联邦财政部部长林德纳和劳工部长海尔曾表达了共同的愿望:"到2039年将养老金水平保证在平均工资的48%左右,同时减缓养老保险缴费的增长。""保证养老金水平至关重要!政府为此要在资本市场投资数十亿欧元,今天缴费的任何人将来都必须能依靠法定养老金。"海尔坚定地说。"现在应利用资本市场的机会,要建立起一项约2000亿欧元的基本资金将缓冲因人口老龄化而导致的预期养老金缴费增加风险。一个多世纪以来,(我们)一直都忘了去(利用)资本市场在法定养老保险方面的机会。"林德纳听上去很懂金融。朔尔茨则批评削减养老金和提高退休年龄等提议。"对我来说,削减养老金不在考虑范围之内。对我来说,这是一个体面和尊重的问题。"他表示,"养老金应该为漫长的职业生涯提供安全感,这将给予人尊严。"

无论如何,85天让我感受到银发社会绝不是一个概念,也不是哪一个人的事,是每天要面对的社会现实。在柏林遇到老人的概率和在京城每天出门被摄像头拍到的概率一样高。社会系统转变为如何支持长者独立又健康地生活是一个巨大的社会挑战,银发经济更不是一个股票概念,是文明永续的基础,没有老，何以少？在离开柏林的航班上，我邻座的德国老大爷背着一个五彩的挎包，手腕上戴着一块智能手表，时不时看下步数与卡路里。他看上去就像巴黎的老佛爷，就差穿上哈雷摩托制服了。

"您贵庚？"同时，我盛赞他的挎包。

"我今年 78 岁。这是我媳妇三年前给我的生日礼物，打那后就是我的出行标志。你看，里面有好几个不同尺寸的隔层，装手机、药盒都很方便，还能装个小相机。多实用！"

"我可以为你开个微信公众号，就叫 Bob 爷爷出行神器。"我说。

15.4　一半是海水，一半是火焰?

凯第二天上午 11 点 10 分宣诏后，我觉得她条理清晰，真是难得的人才！鉴于我对于亚洲人和日本友人发展友谊的美好愿望，见面快结束时我说，要是有个什么紧急情况，或是我想约你喝个咖啡的，我咋联系你？她展示坚定无比毫无表情地说：邮件。

其实她进屋前就发了一条邮件，说我要晚到 10 分钟。在我近十年的中华职场生活里，想不起来谁会通过邮件告诉我要晚到的消息，记忆中外国航司要晚点了会这么干。这让我想起另外一个极端案例，我的一位国内年长同事，说自己从来没有用过邮件。我不知道他该如何和闷骚的德国人做生意？

我起身送她的时候一脚踩到芭蕾舞鞋上，差点滑倒。天知道为什么到达德国的第一天竟然鬼使神差地把一双舞鞋先登出来。凯看到舞鞋的表情让我觉得她有种柔软的瞬间迸发出来。数日后我听说了她极为坎坷的经历后，对她敬佩有加，突然理解了她那瞬间的柔情，恐怕是过度坚强时的平衡。那日以后，如同所有服务与被服务的关系，就此与简单相遇，永不复见。不过，除了邮件那种闷骚的风格，她还默默为我安排了一顿午餐。那日送她出公寓已经是中午，食欲蠢蠢欲动，她指引着我到达研究此地办公区的"食堂"所在地，就此作别。食堂就是个自助取餐区，此后我还知道了它的其他用途，比如一年两三回的科学家之夜，就是研究所的同事们从各区汇聚至此，这里不提供免费食物，但价格公道，偶尔有一两样口味上好的主厨菜品。我正在琢磨吃啥时，走来两位可爱的女士。

"您是 Tracy 吧？"

我很惊讶，这特别像福尔摩斯探案集笔下的社区，干坏事分分钟有人知道。

"您想吃啥，我们来结账。"

还有这样的事？我怀疑那门铃损坏了我的听力。

数日后，我从另外一位同事那得知，是凯的安排。至于这顿饭钱是由他们几人分摊，还是访问学者获得的一次"欢迎"免单，至今无从知晓。我需要适应这种闷骚，发掘其中的可爱之处。

还有一次，我在德国亚马逊上购买了一件女士用品，网站上显示我的一位邻居替我签收。等到第二天，也没见雷锋上门。傍晚时分，打开本教授的邮筒，哈，快递端正地躺在里面。看签收的名字应该是位男性。不知道是因为我订购之物为女士用品，他觉得当面给我有点难堪？还是他不愿意被打扰？

不管哪种原因，都只能让我用闷骚来形容。

在柏林，无论我路过哪个文化遗迹，陪伴我的德国朋友从来不会主动提起来有什么伟大历史。换成意大利人，早已手舞足蹈地指点江山；换成法国人，则是声情并茂地开始朗诵；换成美国人，会用数个"great"来表达此时的心情，令我常常想起特朗普总统阁下，一开口就会蹦出数不尽的"great"。唯有德国人，总是宠辱不惊。此时，我都会同时化身为意大利人、法国人和美国人，为我的德国朋友主动打开话匣子，把对话进行到底。

这有时候又让我非常困惑，因为我感觉他们一半是海水，一半是火焰。

6月初的一个周日，我起了个大早，开始大扫除。顺便打开某德国政府媒体，正在滚动播出文化类节目。"您想知道德国人初次性生活的年龄是什么时候？"一位富有喜感的印度裔节目主持人正在解说以此为题的纪录片，蹦蹦跳跳地穿梭于性用品商店里，拿起这个，放下那个。她长得圆头圆脑，还有一双又圆又大的眼睛，像扇子一样忽闪着。那特有的印度口音，在喜剧的视频剪辑效果下，把这个问题讲得十分俏皮。德国人自己对此事扒了个底朝天，印度口音来讲严肃和隐私问题，真是一个英明决定，性教育搞得红红火火，惹得上帝都在偷偷发笑。这可是一家官方媒体。此后我发现，我的柏林生活中真是少不了性文化这个话题，它是那样地无处不在，躲不掉也不能无视它的存在。然而你在工作场景中又在与严谨、古板与专业的德国打交道。这不是闷骚又是什么呢？以至于下班后碰到我的那些研究所同事时，我都略带八卦地打趣一下问道："今天您下班后干啥"?

柏林有数不清的性用品店、特殊性癖好用品店和同性恋酒吧。"今天下班后你可以去 Romeo und Romeo Berlin（罗密欧与罗密欧咖啡厅）转转，就在地铁的 Nollendorfplatz 那站下车。"7月初我的法国邻居来蹭饭的时候颇为积极地向我推荐。"不要小看这家酒吧，不仅适合夜猫子，白天也开放。去喝上一杯，聊天、看报纸，带上你的论文，说不定能找到一个讨论健康食品的专家呢！"去同志酒吧找同行，这主意可真是富有创造力。德国还有一个"雅号"——欧洲妓院。这怎么说来着呢？卖淫在德国是合法行为，德国的官媒还曾经郑重与世界人民一起讨论过这个问题："为什么卖淫在德国是合法的？"柏林有一个最大的露天妓院，政客提议建成流动卖淫一条街。有人戏称，柏林就要成为"欧洲大妓院"的首府了，阿姆斯特丹也得甘拜下风。

此外，柏林有种旺盛的"裸体文化"，并且与"性"似乎无关，与此相比，美国文化中裸体一定与性的话题相关联，有美国人在网上吐槽自己的德国女友，为什么能做到当众就脱衣？德国人将裸体视为一种更为广泛的自由和健康表现，裸体在德国的公共空间中随处可见，尤其是城市公园、海滩和游泳池。在曾经的东德，裸体主义成为一种抵抗和解脱的象征，反映了对工业现代性的反叛，其实也有人说是被纳粹与柏林墙压抑的结果，有一位曾经的东德人回忆，小时候与父母一起去裸体海滩时，这种体验有一种逃避现实的感觉。

裸体主义在德国其实有着悠久的传统，19世纪末的"生活改革"哲学就主张有机食品、性解放、替代医学和接近自然

的裸体生活方式，柏林的资产阶级很早就在裸体海滩享受日光浴。艾尔弗雷德·科赫于1926年创立柏林裸体主义学校，鼓励男女混合的裸体运动，强调户外裸体对促进与自然和谐与健康的重要性。尽管纳粹意识形态最初禁止裸体主义，但到了1942年，"第三帝国"放宽了公众裸体的限制。在德国战后分裂后，裸体运动在东西德都迎来了新的繁荣，尤其是在东德，裸体主义不再局限于资产阶级。它成为"安全阀"，提供了一点自由的味道，使国民能够在非常严格的社会环境下释放压力。裸体主义的传统让德国社会学会以一种无关乎性的方式看待裸体，请记住，你裸体就好，没人看你哟！这样的开放又需要多么强的自律来支撑？我认为裸体文化是德国最闷骚的政治与文化遗产，并刷新了我对德国人的认知。

柏林还有一种物件为这座奇幻的城市贡献着闷骚的色彩，那就是煤气灯。有位作家说，在柏林"人人都在寻找一件叫'回忆'的藏品。煤气灯就是这样一种藏品。"柏林拥有世界上现存最大的煤气灯网络。尽管为到达欧盟能源转型目标，全德从极盛时的8万盏减少到2万盏，仍然保留了全球数量最多的盏数，其中半数都在柏林。勃兰登堡门以西的树林曾经是弗里德里希大帝的园子，这里有一条不起眼的小路经常被路人忽视，这里是露天煤气灯博物馆，由柏林政府倡议，多方出资建设。现在拥有近百种款式来自欧洲各国的煤气灯；灯柱有铸铁、钢管和水泥不同款式。煤气灯爱好者经常在此聚集搞活动。

18世纪后期，英国人发明了煤气灯，用来照亮家庭和公共建筑。煤气灯使得雾气熏天的伦敦变得明亮。尽管墙壁会变黑，但人类的夜间活动时间被延长，包括美食制作与阅读这样的活动，夜间家庭生活开始丰富、生动起来。作为最早发明这种"闷骚"之物的伦敦，至今也约1500盏煤气灯仍在使用，照亮了皇家公园、白金汉宫外部、特拉法加广场和几乎整个科文特花园地区。点灯工人是这个垂死挣扎的特种行业中最后几名成员了，柏林政府的心态很纠结。他们询问市民的意见，到底该不该彻底换掉。大部分市民持反对态度。

"这些灯都有生命力，他们甚至有名字，怎么能够换掉？乌眉燥眼的叫寡妇，张牙舞爪的叫蜘蛛人，独臂担当的叫公牛。'他们'还在努力地为柏林工作，怎么能剥夺他们的工作权利？"

"有人还记得19世纪以前，走夜路是件多么危险的事？谁会去酒吧？谁会上夜校读书？这可是历史啊！"

"冬天的柏林，下午4点就黑了，有了这些灯，才有柏林的今天！柏林可以没有，他们必须留下来。"

"煤气灯的灯光昏黄又柔和，能给街道营造平静而舒适的怀旧气氛。"

"我感觉到魅影重重，那是一种城市特有的幽深感，适合在夜里思考人生。"

"柏林可能是世界上最后一个可以在煤气灯下散步、喝咖啡的城市。这种场景应该被保留。"

"如果换成LED灯，对生态的危害远大于煤气灯。一晚上就能吸引并杀死上百只昆虫。"

"煤气灯每年的开支仅为650万欧元，比起城市的预算，真是九牛一毛。"

最绝的反应是这句话:

"我们穷极一生追求人生的意义,其实在煤气灯下喝杯热咖啡就能想明白了。"

我决定如果将来人生陷入困境,就买张飞往柏林的机票,在煤气灯下,喝上一杯咖啡,与闷骚的柏林人聊一聊人生的意义。

15.5 不上大学又如何?

打开德国某官媒,看到一则消息,柏林一个女孩不愿意上大学,父母都受过高等教育,都是博士,女孩却不愿意上大学,喜欢琢磨各种能够减少污染、防止能源浪费的技术,尤其着迷如何改进水管输送功效。媒体对这种爱好是否需要足够的大学与专科教育语焉不详,但提到女孩对工程构造的实际手工问题很着迷,比如应该怎么装卸、拼接管道,使用何种材料,才能实现高效地运送水源并节省能源。父母也十分支持,觉得孩子在做一件特别有意义的事情。不上大学就不上吧!于是送她到某职业院校上学。

我所处的行业,认为很多工种不需要大学教育,职业教育足以应付,比如洗洗涮涮的检测前处理。但由于就业环境日益严峻,我常常收到博士生的简历,应聘洗洗涮涮这样的工种,以至于我时常在思考读书怎样才能实现价值收益?读到什么样的程度才能有更好的人生?当然,博士不应该眼高手低,要学会使用各种实验器具,掌握操作办公设备和基础软件,还得养成良好的工作习惯。研究所的实验室有时会幽默地提醒,"做

完实验一定要收拾干净,你妈妈不在身边喔!"在我所处的行业,由于食品样品的前处理工作需耗费大量人力,很容易联想起餐厅的后厨。实验人员需养成良好的卫生习惯与正确的价值观,比如,对待食物要有敬畏感,才能在处理的过程工艺中有规范地操作。这些恐怕又不是大学课堂里会传授的内容。

  作为中华职教社的一名成员,我对绿色环保与职业教育如何结合这样的话题十分感兴趣。在一个关于家具行业趋势的纪录片中,提到复古家具手工业的蓬勃发展。威尼斯水下腐朽的木桩经过处理,变成柏林人家中的原生态和复古家具。一位德国手工匠人说:"我认为这好比拿着手机的鲁滨孙,回到私人住所时看到原生态的物件,顿时产生温暖向阳的感觉;您看,这些家具有被软体动物蛀食过的洞,还有各种岁月蚀刻的痕迹,人生不就是这样的过程吗?"我感慨这样的话出自匠人还是哲学家,抑或是生活艺术家?另外这样的家具售价不菲,普通人也难以承受。不过,如若出品一件即能传世,同时养活一堆工匠,工匠不仅把废物变宝贝,还能积累世代相传的技艺。这样的职业教育,在经济发达的社会基础下得以诞生和发展,又何尝不是一件有意义的事?

  其实在柏林有很多这样不愿上大学的另类,当他们的脑海里呈现一种强烈的兴趣爱好时,总能在职业教育体系中找到一个学习和谋生的机会。我最佩服的是一位年近四十才开始学习艺术的 G 女士,她用动物的羽毛制作令人震撼的作品和场景,不得不说,有些作品属于倒胃口之列。不过听到她这样表述后,似乎又觉得没那么倒胃口了。"我想表达一种具有强烈反差、让人反感、又十分震撼的力量,这样的张力让人不得不去重视现在的一些社会问题，比如环保问题。"由于她收获了一批拥趸，这些粉丝会定期给她从世界各地邮寄羽毛，这使得她的艺术原料绰绰有余。中华古训说：人过三十不学艺。咱先不说四十以后重新去受职业教育，不久前听说一位硕士生竞争上岗快递骑手，终于实现自食其力。硕士骑手喜极而泣。我由衷地祝福羽毛艺术家能够"优雅"生存下去。

15.6 跳蚤哲学家？

不上大学还可以去跳蚤市场上卖自制的艺术品。

德国人对废物回收利用做得特别彻底，你今天扔掉的东西，几天后可能出现在跳蚤市场上。兹以为跳蚤市场的兴旺发达与资源回收利用的观念深入人心密切相关，同时表现了一种矛盾的国民性，爱收藏又注重节俭。进入仲夏后，某个周六我起了个大早来到了柏林墙公园跳蚤市场（Flohmarkt im Mauerpark），这可是柏林最大的跳蚤市场。按照朋友的建议，我一副学院派打扮，背着嘻哈风格的包，以免与此地氛围显得格格不入。穿着另类一点的造型才能制造与摊主们沟通的共情。这些美丽又奇怪的"鸡肋"物品令人眼花缭乱。

摆摊人的口才都是央视春晚小品演员的水平，聊天中得知，这里需要支付场租，好地段当然场租费也贵。可以签一整年，也可以签一个月，市场管理规范，有人纯属摆摊找乐，有的则是以此为生。仲夏的早上晨曦初现，就有人开始摆摊。柏林数十个跳蚤市场大多周六开摊，有几个周日也开，商品包罗万象，看到的宝贝包括复古服饰、中古祷告桌、煤气灯、称量器、欧洲各国地图、彩绘风景印刷品、二手书、胶片放映机、旧报纸合集、木制玩偶和天使、达·芬奇的解剖手绘图（朋友说大概率是假的）、铅字字模、铁质的字母、印有某些文化禁忌图案的铁皮盒、铁皮脚蹬、木鞋、柏林墙的墙砖、各种皮箱和占卜用具……当然还有街头艺术家各种稀奇古怪的作品，比如：用废弃五金制造的复古家居用品、以猫为主题的锅碗瓢盆、用废旧电脑光盘制作的画作等等。看到它们的时候你不能立即想明白到底对你的生活与命运有什么帮助。看到你迷惑的眼神，摊主开始口若悬河，"您看，故事发生在……"。有些东欧人士无论英语水平还是销售水平都好到爆棚，于是你被各种奇异的故事背景所吸引，你实在无法拒绝这些美好事物的过去，于是你被说动，满载而归。摊主们的确有种特殊才能，他们在四处搜寻二手物品的同时，也搜集故事和奇谈怪论，诚如一位摊主而言："污渍、破痕、凹陷、裂缝都是我故事的一部分。"购买者理解这些故事并做出购买决定时需要有当地的生活态度，践行当地人的生活方式，否则很难从这些物件身上找到价值。是不是社会文明程度越高，越崇尚某种小众的生活方式？

工业制造与小众艺术形成强烈反差，德国人愿意对这些保留了时代风貌的旧工艺物品网开一面，让他们在跳蚤市场上成为主角。有些摊主没有受过高等教育，但被柏林的文化长时间浸淫，培养出非凡的见识与知识，表现出超脱的生活态度，甚至能对哲学侃侃而谈。他们还真不是以摆摊为生，是以此为事业！再加上德国人对中世纪和复古有种迷恋，还喜欢强烈夸张的混搭对比，比如卧室里可以前卫到床悬浮在半空，找不到腿，但一旁放着一张拿破仑时的行军床。

不过，摊主也要面对经营的现实。据说柏林二手市场由土耳其人控制。他们获得货源的方式是通过土耳其男人们开设的搬家公司。原因是如果遇到一个囤物狂的主，说不定还能淘到维多利亚时代的马桶，拿到这些货源不费吹灰之力；而土耳其太太们通常负责销售。她们通常搞不清楚物品的价值，战术无非为两种：一是胡乱开价，二是死缠烂打。据说德国最大的二手市场在莱比锡，由于距离东欧很近，波兰、爱沙尼亚、拉脱维亚、立陶宛、摩尔多瓦的交易者会开着拖拉机，或者拼车，走上几千公里齐聚莱比锡。不过背后坐庄的是荷兰人，正如一位摊主展示出来的渊博的经营知识："这些荷兰人凭借着海运上的优势，大批地购入，把整个市场的水搅浑，再二次、三次出售。你知道冬天的莱比锡有多冷吗？这些荷兰人凌晨三四点就打着电筒出现在市场里，有经验的买家往往连货物的全貌都不看，掀开一角探了下头，就全盘收下。日本、澳洲和美国市场对东欧旧货格外钟情，开得起价，荷兰人再转手一卖，大捞一笔。"

15.7 玩具事关未来

什么人需要玩具？答案是德国人。哲学塑造他们高冷的形象，音乐赋予他们华丽的内心，玩具则让他们活泼生动起来。在漫长的冬季，玩具就是他们的炭火；在充满未知的世界里，玩具就是他们的规则。8月第一个周末，公寓楼社交屋高朋满

座，应研究所一位同事倡议，各国住户齐聚一堂相互认识，不过德国邻居们依旧又冷又酷，尤其是巴伐利亚州的两位青年，握着啤酒杯，任凭周围谈笑风生，他俩旁若无人，一杯又一杯，互相讲着德语。除了这几个德国人，大家都讲着英语，但没有一个人的母语是英语；互相抛出各款英语后，讲不下去是常有的事，话题也是其中一个障碍。看到其中一个女孩长得十分可爱，很像芭比娃娃，我突然发起一个话题。

"各位科学家，你们都喜欢什么样的德国玩具？"

这下炸开了锅。

从热烈的讨论中我得知了德国青年才俊们丰富的玩具人生。平均每个德国家庭至少有 30 种桌游，10 款不同造型的核桃夹子以及数十个同属爷孙的毛绒玩具，比如鼹鼠。2023 年德国男性的平均身高为 180.2 厘米，女性为 170.1 厘米。妥妥地排第三，这样高大壮实的人种，一方面对极限运动趋之若鹜，一方面又对小尺寸的玩意特别着迷。几个猛汉抱着一只毛绒鼹鼠或是泰迪熊捣鼓来捣鼓去不是奇观。当问到有什么玩具可以带回中国时，在场的德国青年向我推荐猎人大街上的咕咕钟店。过了几天，我拉上前来探望我的中国朋友，实地探究柏林历史最为悠久的木制机械玩具。从章鱼村出发，坐上城铁也就 40 分钟。临行前特意上某宝上搜了搜，往我国卖的品种和款式还真不少！

这家店已经营业近 50 年，进门的楼梯仅能容得下两只脚，手往上一举就碰到了天花板；"您小心脚下，楼梯很窄。"一位瘦高个的男店员十分体贴地用英语提示我们。他穿着件小碎花衬衫，非常有耐心，自称叫 Tom，是一位学艺术的大学生，临

时在这里打工。

"哈,您这可真像矮人国世界。"

"我们想让来宾体会从童年世界走过来的感觉。"

不用引路,此起彼伏的报时声、钟摆声就指引着我们进到了陈列屋,布谷鸟在这里争先恐后地"打鸣",这可是网购找不到的感觉。这种物件一向让我很着迷,尤其是带3个钟锤的机械钟,看着它们各司其职,一个负责走时针,一个负责播音乐,一个负责机械传动,顿时令人对机械产生了崇拜。布谷鸟推门报时,万户复活——八音盒奏响乐章,砍柴人刀落柴劈,举杯者一饮而尽,跳舞人扭动腰肢,只要能用机械表现出来的村庄生活与农事场景,都能被此钟复刻,生灵舞动,意趣盎然。在空山鸟飞绝的冬日,让布谷鸟唤醒万物,能想出这样主意的人竟然是高冷的德国人?

"黑森林冬季漫长,所以当地人发明了各种玩具,打发寒冷与孤独。"

"而且有丰富的木材作为原料。"我补充道。"

"是啊,可惜现在的木匠不像以前那么多了,大家也不爱住在森林里了。"

一提到森林,作为中国人,我就神游到美味的黑森林鳟鱼了。"可是咕咕钟的水准并没有降低!"

"是的,它也被政府当作国礼。默克尔曾经送了一个给普京。"

在店里欣赏了最富特色的商品后,也顺便打听了价格,也十分公道。Tom为我看中的一款仔细计算了运费,快赶上价格的一半,他摇摇头表示不划算。我又琢磨了一番,重达6斤,

能占据半个箱子，部件还得单独放，拖运起来也费事。我表示尽管心向往之，但一想到回程如此遥远不便，还是放弃。但是我会把买到一个精美又有分量的咕咕钟作为我下次到柏林的目标。Tom并没有因为我们弃买感到失望，他又盛情备至地引导我们光顾胡桃夹子区，为我们演示如何用复古的胡桃夹子剥核桃。不过现场没有核桃可供验证，看上去有点像杀鸡用牛刀。

这之后，我对德国玩具的知识暴增。擅长机械工艺的德国曾经是世界上最大的玩具生产国，玩具产业世界中心就在纽伦堡，15世纪这里就出现了迷你骑士盔甲作坊。17世纪初，欧洲各地商贩从图林根和萨克森的森林地区手工制作的木制玩具中获利颇丰；工业时代还出现了用于家庭娱乐的马口铁技术模型，如火车和蒸汽机。后来我国质优价廉的塑料玩具干翻了贵国所有中低端玩具，纽伦堡城转向了附加值更高的玩具设计。现在德国仍是欧洲最大的玩具消费市场，近十年来消费者支出的增长率超过46%。18岁及以上人群购买玩具的比例在2019年至2024年间增长了37%，与排遣疫情的抑郁有很大关系，以至于研究所的一位教授甚至表达了要弃文从商，去卖玩具。

我特别好奇为什么德国人喜欢玩具，为此我阅读了大学教授、商界领袖、嬉皮士、文化产业人士、心理学家的媒体文章，并进行了一些访谈，搜集到以下见识。

在博物馆岛遇到的柏林工业大学老教授说："玩具是一种现身说法，表明立场，实践多样性。德国必须保持多样性，才能避免重蹈覆辙。尤其是某些玩具由许多不同的人物、角色和肤色，帮助儿童认识到多样的社会，发展社交技能。"这种观点在于阻止纳粹的苗头，这十分高瞻远瞩。

纽伦堡玩具博物馆的馆长说："玩具本身就是科学的起源。量子物理学理论揭示了这样一个事实，即大自然的一切都在不断地游戏，宇宙和每一种动物和植物也在不断地玩游戏。游戏是人类和存在的原始现象。"很多德国人秉持一种看法，认为玩具就是自然法则。

"德铁模型爱好者联盟"的负责人表示："铁路模型对各个年龄段的男女都具有情感吸引力。当看到父亲、儿子和孙子因这一共同爱好而走到一起建造铁路模型时，这一传统会由男性爱好变成一项家庭事业；家庭中的女性成员也会参与其中，并热衷于设计一个细节丰富的微缩世界。这项活动不再是简单地复制一个场景，而是成为一个充满情感和创造力的过程。"1912年生产的玩具飞机除了作为游戏物品外，还传递了一种军事化的精神，使男孩们以一种特殊的男子气概模式为国家服务。对于玩过这种玩具的那一代男孩来说，童年的游戏和成年后的兵役有着非常密切的关系。

某50岁的理工男表示，自己小时候十分贪玩，"我小时候对科学和实验工具包非常着迷，直到现在我仍然有这种感觉。我喜欢在化学实验室里小规模地重现化学反应，或者制作收音机。不过，让我感到遗憾的是，现在的实验不像我小时候那么危险了，那时做出来的东西真的很臭，甚至会爆炸。你必须小心谨慎，但实验结果往往令人叹为观止。现在，我这把年纪还会玩几局传说中的'泡泡龙'。玩具让你永远不嫌老。"

某漫画公司总经理说自己曾经是"孩子王"，也是研究型的书呆子和宅男；以前买不起的玩具，现在有经济能力了，对年轻时的"孩子英雄主义"没有失去激情,反而更加热爱玩具。他在媒体前摇晃着一只鼹鼠。

当然还有母亲的认知,"我唯一能让孩子不玩手机的办法就是'踢踢乐'"。

德国的文化价值观和历史经验在玩具生意中得到传承。很多传统的德国玩具强调手工艺和对细节、规则以及微观世界的关注,这是德国人根深蒂固的心理特征。对儿童具有教育和启发意义的玩具长盛不衰。民俗传统绝不是庙会上的昙花一现,比如胡桃夹子,在节日庆典中传递着"我来自德国"这样的信息,家家户户必摆。京城这样大城市的生活里,即便是春节,似乎也没有什么必摆的物件了;大家在淡然的心态中,刷着手机迎接新年。德国政府官员说,玩具事关德国是否会出现新一代科学家,这对于德国的成功产生重大影响;如何让孩子以令人兴奋的方式而不是熊孩儿的方式探索科学世界,"鼓励他们从事相关领域的工作,这也符合政治家的利益。"

15.8 工匠恒久远

看美国的教科书,常常觉得啰嗦,但抽丝剥茧,捋得特别清楚;尤其喜欢看索引、术语定义和名词解释,有的术语还提供所在的页面和引述的次数,仅是这些内容可能占掉全书页码数的1/4。这是不是一种技术性文化的充分体现?5月30日住进公寓时,没有发现一丝富贵气息,但感觉哪里都结实厚重,设施与工具都特别好用,窗户的隔音功能俱佳。有的物件一开始用的时候觉得很笨重,但是一旦知道了使用规则后就发现很

好用，皮实又顺滑。进门处有个电表箱，好奇地打开看了看，认得"西门子制造"的标识；各种走线横平竖直，刻线清晰工整，刻字严谨美观，关闭时严丝合缝。回国后第二周就参加了一个封闭培训，在酒店房间里发现了一个电表箱，好奇地打开，不自觉地加以对比。发现横不平，竖不直，组块之间也不等距，刻字歪歪斜斜。估计设计者没想过住酒店的人会仔细观察电表箱吧？

多年前家里装过一次电子锁的过程记忆犹新。所谓的大品牌专业服务，现场出现的是一位小混混，印象中还带着酒气，好吧，不敢惹！安装的过程是，工具铺了一地，举起这个拿起那个时，手起手落的我看不出顺序，有时候他自己会冒出一句，放哪了，喔，找到了。这引起我十分不安的感觉，总觉得这锁会出问题。有一次一位朋友告诉我，买的精装修房，浴缸坏了要换一个，砸开后发现固化的水泥堆里竟然出现了一把锤子！天哪！装修施工几乎会引发所有家庭的焦虑症，各种奇葩的事都会发生。看看你家窗户的勾缝就会仰天而问，工匠们都灭绝了吗？

如果说工业化的生产，还不足以表达工匠精神，纯手工制造的木头眼镜恐怕是魔幻般工匠精神。在柏林看到的一种木质镜框，让我大开眼界。在一段视频介绍中，我听到了这样的描述："早期的制作过程真是磨难重重，手工的挑战是对精密度的把握，对称就是其中一个问题。为了能够实现准确度，我们什么都用过，包括老式挤奶机。"恕我有限的工程学知识尚不能理解挤奶机与车铣刨磨钳之间的关系。为了达到没有一处不是木质的效果，对设计师的工匠精神提出了最高的要求，比如

镜框不能薄如蝉翼，否则看不出是木头；也不能过于厚重，不然喧宾夺主，还不好与镜片配合。为了能够"框"与"镜"琴瑟和鸣，设计师发明了一种细线，牵制住框，减少振动和位移。最后，店家说："我们选择木头，是因为既是纯天然，十分环保，又极为耐用，当然时尚又复古。"当然，德国人对于纯天然的迷恋，也是催生了木质镜框的因素之一，这使得并不富裕的中产阶级，甚至把此种镜框列为购买清单的榜单，节衣缩食也要得到。

15.9 乱起名？

7月末我开始了德意志境内的旅行。第一次乘坐德铁，途中就在一个叫"Bad"（坏的）为前缀的地名抛锚。在车厢里一句极为精简的广播后，乘客们纷纷下车透气，换成美国人，估计会先郑重向列车员探个究竟，再像律师一样义正辞严，最后无计可施地下车寻凉快。好嘛，德铁的乘客都似乎摸准了德铁的脾气，既懒得和列车员啰唆，彼此之间也根本不就此事交流。大家几乎整齐划一地往车厢外走，几分钟过后，抽烟的，遛娃的，聊天的，打电话的，晒太阳的，大家井然有序地在站台上一字排开，并保持着距离，我得称之为德意志款站台放风。只有一个例外，有一个大声打电话（讲德语）的生意人，遭到周围人的嫌弃，没人愿意靠近他。除此外，车厢外部充满着宁静和秩序感，我这个外乡人应该属于此时内心最躁动的人。要是一个讲英文的风水大师，恐怕得说我今天出门没看皇历，不仅遇到抛锚，抛锚的地点还如此不吉利。这趟车厢空调

也是个例外,不仅把我冻得够呛,对坐的荷兰大姐也冻得瑟瑟发抖。我们决定下车晒晒太阳,走到车厢入口处,发现了一张德铁的运行地图,竟然发现满目皆是"Bad"。争先恐后以 Bad 命名,这地图真是一肚子的"坏"水啊!

荷兰大姐正在站台上抽烟,我决定向她请教 Bad 有什么特别含义,看看是否与风水无关。大姐当过记者,尽管一口黄牙,但知识无比渊博,而且还拥有德国与荷兰双重国籍,对于德国的知识也不在话下。

"在德国,只有先申请具有疗养温泉的资格,才能叫'坏'某某。"

"SPA?"

"不是泡浴缸和按摩服务那么简单喔!"

"愿听其详。"

"'坏地儿'的起源是指那些富含矿物水的水源地,有人开始在这样的地方居住生活,渐渐发展为水疗旅游业。但不是所有的城市都能有 bad 打头,需要向监管部门申请。"

"就是说要变坏需要申请。"

"您可以这么理解,哈哈,这些城市巴不得变坏!"

我思考着是否应该就此改变旅行计划,直奔"坏地儿"享受健康。

德国有多少个变坏了的城市呢?带着这个问题我请教了一个讲英语的列车员。他认真地想了想,"可能有几百个?不过有本德国铁路的火车站地名册,能够挨个数出来。"

这些城市都应该向一位德国神父 Kneipp(克奈普氏)致敬,德国多家超市都有以他命名的个人护理产品。回国时我应朋友

强烈要求，为她挑选了一款神父浴盐。据说 20 世纪初在欧洲人眼里视为土豪的美国人只知道两个德国人，俾斯麦和"克神父"。神父发明了克氏踩水疗法（wassertreten），大意是如何在冷水中像仙鹤一样行走。我无从得知这种鹤氏疗法如何能保持健康，更像是款德国足底按摩。这种乡村赤脚大夫的方法之所以在 20 世纪初大行其道，是因为据说神父得了肺结核后通过在冰冷的多瑙河里"洗澡"神奇地康复；神父大概由此对"洗澡"产生了热情，并结合草药配方治病救人，创立了克奈普氏水疗法。据不完全统计，德国现有 600 多个克氏水疗协会，德国每 900 人中就有一位是会员。"坏地儿"再被水疗加持，是妥妥的康养旅游胜地。

尽管 Bad 是与英语的巧合，德语对取名这种事情似乎一点也不讲究。令人啼笑皆非的地名随处可见，巴伐利亚州有"用来打人的石头"，看来对石头的分类很精细；雷人的还有"撸鼻涕"和"暴揍"两地以及"大呕吐之村"与"小呕吐之村"，不知道有没有大叶肺炎村和小叶肺炎村！看你在此还敢留下"本君到此一游"的墙刻？估计不用风水大师，还没路过就调头了。勃兰登堡州有"雨衣城"，黑森林州有"小扁豆菜肴城"，另一释义是"无价值的货色"。北威州有"烂黄油地""咳嗽咳到一半之地"，不知道是不是建设者当时咳到一半时发现了这个宝地？萨克森 - 安哈尔特州则有"狗的空气"，是嫌空气不好，还是嫌狗不好呢？另有"小便之村"，开车内急的人如果路过此地，是不是该在此行个方便？下萨克森州干脆把"挪威""俄罗斯""美国"直接收编，为小镇命名。巴登 - 符腾堡州倒是有两个还算正常的城市，一个叫"甜甜的"，一个叫"蛋糕",组合起来叫"甜甜的蛋糕",两地相距不到10公里,这两地的人民如果结成亲家,那可真是亲上加亲呐!

何止是地名,姓名就更不讲究了。在85天里,见过的姓氏,先按食品和农产品来分,Schweinebraten(炸猪排)、Fleischfresser(吃肉的人)、Knobloch(大蒜)、Sabine Bratfisch(煎鱼)、Gutfleisch(好肉)、Hasenfuss(兔子脚)、senf(芥末)、Essig(醋);研究所有Hund(狗)和Hahn(公鸡先生),得管人老婆叫狗太太和公鸡太太。与人的身体与器官的有Grosskopf(大头)、Schönbein(美腿),男人姓Brust(胸)、Beate Barfuss(赤脚);与物件有关的有Jutta Pumpe(气筒)、Sven klohocker(坐便器)、holzkopf(木头脑袋)hubschrauber(直升机)。

还有表示某种情绪或状态的姓氏,比如Dr.Ohnesorge(无忧无虑),Fröhlich(高兴),这倒给人正面力量;再如schaffnicht(过不了),如果是个大学教授,估计无人敢选他的课;还有Aufderstraße(在路上),一接起电话就会说:"我,在路上!"如果从Fleischhauer(杀猪的)还能推断出祖上的职业,Samstag(星期六)至少和宗教相关,那么Fr.Siebenhaar(7根毛)这样的姓氏由来真是令人毫无头绪。

其余重口味的还有Pech(倒霉)、Bauernfeind(农夫敌人)、Spucken(吐吐沫)、Rotz(鼻屎)、Kotenbeutel(呕吐袋)、Poloch(屁眼)、Eierkuchen(蛋糕)、Frauenschläger(打女人的人)、Mörder(杀人犯)、Teufel(魔鬼)、Leichenberg(尸体山)、Feuchtenbeiner(湿大腿)、Frauenschläger(打女人的人)、Schwanger(怀孕,注意:男人也有此姓),另有一绝叫作Gutschwanger(好好怀孕)、Hans Höschen(内裤)、Stefan

Sarg（棺材）、Franka Furchtbar（恐怖）、Georg Spinner（疯子）、Anton Abfall（垃圾）……

一想到他们在作自我介绍时说，"您好，我是垃圾！"再一想到，一个杀人犯娶了个疯子，或者是一口棺材遇到了鼻屎真爱，再或是打女人的人是个同性恋，遇到个好好怀孕的知己，就让我深表同情。背负着毛骨悚然的名字，是不是德国人通常给人不苟言笑之印象的原因之一呢？姓氏如此作祟，本人可是清白啊！看来算命改名在德国也没有市场，啥也不用避讳，大胆叫就行，完全不影响日后成为社会贤达人士。瞧瞧，鼎鼎有名的赛车手舒马赫[①]不就是个鞋匠嘛！还有爱因斯坦，不就是"一块石头"嘛！

15.10 发肤受之父母？

"我要这种肉肠，请您包一下。"周末，我和几个朋友从波茨坦回来的路上，经过一家大型超市，大家决定集体逛超市，购买下周的生活物资。我随一位朋友走到肉肠摊位前，服务员是个面容极为精致的小姑娘，头发被染成蓝灰粉三色，穿着皮马甲，戴着露着手指的半截手套。但凡裸露的皮肤，都布满了文身图案，不带一点"留白"。画龙点睛的一笔是"画龙点舌"，一个大舌钉随着她美丽动人的眼神上下舞动。

"多美的姑娘，给折磨成这样。"我忍不住对朋友发出感

---

① Schumacher 德语：鞋匠。

慨,"她这扮相,卖哈雷摩托比较合适!"

"这样的姑娘柏林很多!"

前卫的装扮在包容的北京城并不罕见,大白天我就看到过红男绿女穿着恐龙服拖着长尾巴或是个什么鬼怪神仙的衣服招摇过市;去年在小区里大冬天两次看到穿着裙子出来的男士,跟在后面的邻居老太太,夹带着活久见的自嘲:"瞧这什么打扮?我老眼昏花了吧?"唐山话,像神了赵丽蓉的口气。丰富的物质生活能起到白天活见鬼的效果。

尽管文身在我国已不少见,在主流社会仍然遭到排斥和鄙夷。祖训有曰"发肤受之父母"。在德国,发肤受之自由,文身蔚然成风。繁体中文词汇经常被作为文身图案,好几次,我看到女士的大腿外侧展露着"爱"字。研究所的同事也有几个文身的,有一位在手腕上刻着一只蝴蝶,十分逼真。

文身其实在德国并不是当代时尚,更是日耳曼民族的传统,各个部落曾经都将其用作身份、地位和自然力量的象征。鹰、狮子、骷髅头、十字架以及哥特文语句最为常见。世界各国秉持传统观念的人认为文身是一种毫无艺术价值和技术含金量的玩意,提供文身服务和文身者自己都是极为肤浅的人士。一旦了解到文身术是如何发源的,这种印象会大为转变。我也随着常常撞见的"爱",对此风尚发生了极大的兴趣。对于一种有着古老传统又蔚然成风的事物,谁又能说其肤浅呢?尤其是柏林文身业的总体水准,堪称世界第一。世界上第一本文身艺术理论书诞生在柏林,拿玫瑰图案来说,此书提供了红色与黑色的描绘技法,并对文身的深度和维度进行阐述。

不过,德国人也很理性,文身专家会告诫你,要研究任何

文身设计背后的含义并了解他人如何看待它,这一点至关重要。比如最具标志性的德国文身铁十字,本来代表勇敢、荣誉和爱国主义,由国王弗里德里希·威廉三世本人于1813创造,奖励战争中表现出非凡勇气的士兵。二战后由于与纳粹政权的关联性而失宠,这几年又重新流行起来,尤其是铁十字图案被白人至上主义团体成功利用,将其与仇恨和偏执联系起来。有这样的文身的人走到大马路上,会让带孩子的双亲比较困惑,遭嫌弃是必然的事。

比较有趣的是,研究所已经开始研究文身所用的染料是否对消费者构成危害。按照风险评估的方法论,目前下结论还为时过早,需要长时间的消费者追踪调查。

15.11 命里有水

6月末的某一天,拜见过研究所科研工作负责人后,我受邀与几个同事共进午餐。全是一水的金发女郎!一位短金发少言寡语,埋着头吃着自制的三明治以及我搞不清的看上去会让人失去食欲的某种健康食品。我琢磨着什么话题能让她活泼起来。此时餐厅外突然大雨倾盆,夏季柏林就是咱四川的变脸。那就谈谈水吧!

"从降落的那一刻起,我觉得柏林像江城武汉,我甚至看到了大片被淹的房屋。"我开启话题,全场热烈响应。

"柏林水系很发达,论数量,桥可比威尼斯的多。"我赶紧上网查了查,竟然多达2100座!后来为了印证柏林发达的水系,我曾经在天空塔上特意数过湖泊与桥梁。

"不过，今年水灾情况也很严重，南德已经淹死了好几个。"

"柏林生活饮用水比较硬。不过水质很好！"我下飞机就问过同事这里的自来水是否能够直饮？她认真地点点头，说"你放心喝！"

作为老外，我还高度赞扬了公寓的供水设施："公寓的热水供应十分通畅，比五星级酒店还秒热。"

柏林今年的水患可真让人发愁，经济日益萧条，欧洲战事持续，德国负担不起一支全职消防队的城镇越来越多，怎能想象在欧洲最发达的国家，竟然消防设备与人员都堪比奢侈品，着实供应不起？德国偏偏又是个水患频繁的国家，2021年时任总理默克尔在视察莱法州的灾情时曾经沉痛地说过一句话："洪灾规模超出想象，极其恐怖。"德国人只有在10万人口以上的城市才会配有专业消防队，根据2018的官方统计，专业消防队仅有104个，这个数字每年在持续缩减。但遇到自然灾害的德国人可不像遇到德铁那样不紧不慢，优哉游哉。他们到底靠什么来应对灾害呢？令我感到惊讶的是，这个国家依靠反应迅速的庞大志愿者队伍，全国有22,000个志愿消防队，是专业队伍的110倍，而且数字还在增长；志愿者都随时随身携带一个呼叫器，有紧急情况的时候会收到警报，有的志愿者能够在警报响后短短几分钟内赶到现场。

"我就是一名联邦内政部注册志愿者。就是黄帽子，你知道吧？THW[①]，像我这样的注册人员超过8万名。"

---

① THW：德国技术救援署，隶属内政部。仅99%的成员是志愿者。

短金发打开了话茬,侃侃而谈,比如如何接受技能训练,如何学会使用车铣刨磨钳,如何在水里开车,如何救援在水里挣扎的动物,甚至如何应对本人面临生命威胁的情况。一口气说了半小时!

"我们能干各种事情,搜救生命、清理废墟、重建供水与电力系统,甚至还能清除水中的油脂。我们能从全国各地搬来设备,包括每分钟能抽掉5000升的大水泵。"

"干这些事情,一分钱都不要?"

"对,全是本职工作以外的投入。"

"你们可真是了不起!"

"我曾经在私营机构工作,我的老板和我都是志愿者。"

"那敢情好!不扣工资啊!"

尽管水患是不可避免的事,柏林人自带"亲水性"。柏林总面积890平方千米,有60平方千米的水域面积,占据了7%,真可谓水系星罗棋布。城里还有一条运河叫Landwehrkanal,曾经是工业命脉,当地人常提的故事是1919年有位共产党人遇害后被抛尸其间,现在运河上散布着游动的画廊与咖啡馆,圣诞节还会搞运河灯光秀。游船多,澡堂多,水上乐园多,关于水的创意也多,比如喜剧电影里面常常出现水枪;在某酒店,有世界上最大的圆柱体独立水族馆,水族缸高16米,装有1000立方米的海水和约1500条鱼儿,水族缸内部设有电梯,创意是一边缓缓上升,一边观鱼嬉戏。不过,2022年12月16日的凌晨,水族缸突然爆裂,100万升的水倾泻到繁忙的街道上,1500条鱼几乎全部当场死亡,睡梦中惊恐的客人不少人穿着睡袍就跑到了大街上。

15.12 菩提树下有广场

抵达公寓楼时，已经临近午夜，第二天还要与日本小姐姐会面。所以，真正开始考察住所地形时已是两天以后。经历了九九八十一难才来到此处，抱着既来之则安之的心态，我决定对周边所有的事物报以欣赏与尊重。我的公寓房间正好位于中轴线的起点。公寓对面是棵椴树，"Unter den Linden"意译就是"椴树下"。椴树在德国几乎无处不在，过去典型的村庄总会有一棵高大美丽的椴树。人们在椴树下聚会、聊天、举办婚礼等。椴树常被认为是女性物种，拼写与德语"柔和"一词"lind"音近，被日耳曼人敬为爱情与幸运女神"费里娅"。据说日语把椴树翻译成菩提树，据说勃兰登堡门附近的"菩提树下大街"译名来自日语，这种移花接木的翻译，也平添了诗意。在我国由于菩提树无法生长在南岭以北，古代僧人为弘扬佛法，也会用北方常见的椴树、银杏、暴马丁香等树种来代替。

这棵中等身材的椴树在小广场中间独立生长，与周边的任何一种植物都不相连。一来给我遮风挡雨的感觉，二来给我这间朝南顶层的屋子防暑降温，今年柏林的夏天竟然有十余天超过30度；三来让我有足够的空间凝望和发呆。由于此树有两层楼高，一楼是门廊，二楼又不够视野，三楼是顶层，无形中把我公寓的空间感扩充到树下，我与它互相凝望；西边就是社交屋，未来会发生的事（见"一把钥匙惹的祸"），让我觉得很受它的庇佑。东边是两棵硕高的樱桃树，西边是一棵李子树，犹如德国人的气质，中间的大树严谨而独立，周

围的樱桃和李子（注意：不是同时结果实）轮番红枝高挑，楚楚动人，真是一副龙飞凤舞，阴阳和谐的美景。樱桃整个7月份都硕果累累，掉了一地。樱桃树下就是秋千，经常听到荡秋千的欢笑声，有时探头看看，还能发现腻腻歪歪的小情侣。

最重要的是，这种圆形广场结构，有种我喜欢的寓意——四面八方在此汇聚，八方往来，圆通万里，它通常与西方的市政厅相连，成为市政厅的市民广场。世界上没有哪一种事物更比市政厅和市民广场这样血脉相连，以至于我不知道该怎么形容它们之间的关系，想说配套设施，谁又配套于谁呢？血液是脉搏的配套大为不妥。在广场上举目四望，总会发现指示牌上有一个德语单词"Ratahaus"，通俗而言，它是市民欢聚、庆祝和公开表达意见的场所，是全民共享的场所。在广场上，最漂亮的建筑通常就是老市政厅，政务从广场通达市民，民心从广场汇聚至市政厅。那就是昔日的设计意图和历史内涵。

偶尔，我会把自己的公寓楼想象成市政厅，这棵树见证着这间起点之屋的主人更替、研究所的风风雨雨，在这棵树的面前，我感觉要济世苍生，犹如麦当娜出演的艾娃，推门而出，与四面八方汇来的人群一起欢呼，有种"阿根廷不要为我哭泣"的感觉。不要苛求艾娃的艳史，穷则独善其身，达则兼济天下，做到了其中一条就是了不起的人。

南屋，椴树，广场，修行。

15.13 非洲情结

八月初,T 主任告诉我他要和夫人一起去非洲休假。

"什么地方值得您大老远去一趟?"

"纳米比亚,我和夫人筹划很久了。"

我除了知道奥运会入场式里有这么个国家,其余的知识真是两眼一抹黑。尽管近十年来,非洲在中国媒体出现的频率越来越高,但仍然不是一门"显学"。我国一位长期从事对非工作的同胞某次略带讽刺地告诉我,他参加某对非援助项目,项目组请了好几个所谓的对非研究大咖发表建议,说来说去他发现一屋子的人就他自己去过非洲。我立刻汗颜地想起曾经参加过某个中非贸易主题的论坛,自己从来没有动过到此一游的念头,竟然也侃侃而谈。这种场景也并不少见。有一次参加某咖啡实验室之项目评审,除了我和原料供应方,专家席中无人有喝咖啡的习惯,想必也分不清精品咖啡与商业咖啡的区别,更别说交流一下瑰夏的味道了。当他们高谈阔论时,我也不知道该怎么接后面的话茬。

"您一针见血。我也没有去过非洲。我发誓,在我能够访问非洲之前,谁请我参加非洲话题的讨论,我都坚决拒绝。"这个目标实现起来的确有难度,但在柏林或者说德国想要了解非洲,渠道多得数不清,亲赴之前可以好好研究一番。我很快地感受到了 T 主任对非洲那种"祖母级"的深厚感情。

如果要对外籍劳动力构成足够的吸引力,在我看来有三个至关重要的条件,一是相隔不要太远的距离:理论上的范例比如能够从深圳湾游泳至香港元朗,再如从柏林飞伊斯坦布尔最快3个小时可直达，所以我遇到土耳其人的概率非常高，城里烤肉店估计每公里至少有一家；大部分Uber司机师傅都是浓眉大眼胡须髯髯的土耳其大叔，给德国补给劳动力帮了大忙，同案例好比墨西哥大叔前往美国得克萨斯州发展。二是讲同一种语言：德语不仅是欧盟第一大语言，全世界尚有6个独立主权国家以及意大利波尔扎诺自治省以德语作为官方语言，此外还有一种非洲纳比比亚黑德语（德语：Küchendeutsch；英语：Namibian Black German，又称厨房德语）；现行南非宪法将德语定义为"常用语"，官方有义务保护、推广及尊重德语。三是必须有复杂的历史勾连与感情纠葛，那种情感积淀足以拍出《走出非洲》这样感觉的影片。满足这以上三条，恐怕比带着几个高级官员不远万里飞到国外招商引资要管用得多。我恍然大悟，为啥欧洲那浩浩荡荡的商务考察团少之又少？反而不远万里去狩猎打高尔夫的挤破了头。

而德国与非洲之间的感情纠葛远比我们想象的要复杂。从语言上来理解这种情感纠葛，"厨房德语"是一个经典案例。这种语言基于标准德语，通行于非洲西南部纳米比亚，世界上只剩下大约15000人还在使用此种语言，使用者主要是中老年人和一些前殖民者的手下。如今有人学习这门语言的目的在于更好地理解长辈的语境与殖民历史。我每次为了加深与我老母亲的感情，聊天时有意将一些政府工作语言和新闻报道翻译成武汉话，撸起袖子加油干说成"把袖子low上客卯起来干"，"有些国外媒体报道中国时鬼款得很（胡说八道）"，"中国的高铁搞得蛮扎实"……

我不懂厨房德语，搜某百科全书，对其的描述大致是：

"它不是任何人的母语,语音、形态和句法结构简化,词汇量大大减少,通常不书写",这导致其很难永流传,和无数方言的命运一样;"在使用多种语言的情况下,它是不同种族群体的交流工具",就像武汉话是一种码头语言,以供南来北往的码头交易者与底层劳动者使用。"黑"与"厨房"形象地描述了这种语言的底层起源背景与实用功能,成为典型的殖民时代无形遗产。

德国人对于非洲有种复杂的感情,似乎非洲是个多年分离失散的穷亲戚,好像有点义务出点力,又充满着傲气。与英法相比,德国的殖民史在本国也不是一门显学,德国人自己都恐怕都记不住殖民那些事。德国在成为德国之前,已经有分散的政权建立过殖民地,普鲁士王国曾得到过阿尔金岛、普鲁士黄金海岸(今加纳)和圣汤玛斯岛(今属美属维尔京群岛);波罗的海德意志人管辖过库尔兰公国,得到过多巴哥岛和圣安德鲁岛(今冈比亚詹姆斯岛);哈布斯堡王朝统治的神圣罗马帝国之奥地利省份在印度曾拥有科罗曼德尔海岸和安达曼–尼科巴群岛。1871年统一后,"太阳下的位置"早已被其他西方国家占据瓜分,俾斯麦首相则集中于解决"德国问题",懒得管欧洲以外的事;仔细琢磨一下的确如此,连二战后还分出东西两半,哪有闲工夫搞殖民地建设。不过德国人似乎天生喜欢四处游荡,有无殖民地都不妨碍德国人的足迹遍天下,支个帐篷就地安家。据说法国普罗旺斯当地的居民会修篱笆防止德国人到此支帐篷。德国人还特别喜欢把自己塑造成孤独的英雄,把从当地获得的知识完全作为自己的"发现",必须尽点义务,个体的连接超出政治同盟。为此,柏林旅行社特意开发出非洲

志愿者旅游项目,你可以一边当志愿者,一边旅游。

为了了解德国人如何看待非洲,我在某社交网站上发问:"您面前出现一位非洲裔时会生出什么想法",以下的回复让人忍俊不禁:

- 作为一名德国人,我认为非洲人是向南几百公里生活的人类;

- 非洲是比较愚蠢的说法,这是一块广袤的大陆,分布着数个不同的国家与文化。我有来自突尼斯、摩洛哥和南非的同事,他们是完全不同的人(当然相当棒的同事)。

- 我认为如果你在德国是个非洲裔,你被好奇盯着看的概率很高,要知道你同类的人口真是少之又少;甚至在大城市的餐厅会有人冲你讲英语,你大概率被理解为祖先被卖到美洲,此时在德国游荡。不要误会,此处没有冒犯之意。

- 我认为态度迥异,正如在别处遇到时一样,不过一些年长的德国人会认为其"不够文明",当然前东德比前西德的法西斯残存思想会更明显,当然也在逐渐好转。

- 德国女人爱他们,而德国男人恨他们。无需多解释。

- 柏林和好望角是亲兄弟。

当初收拾行李时,有意把一些穿着多年的衣服带到此地,计划数月后本当作垃圾处理,也不枉我给它们买了张机票到柏林展示一番。一位友人自告奋勇说我替你捐了,对此我感到兴奋不已。因为在京城数次想捐衣服却不知该如何实施;社区门口曾经有个自助捐赠点,开了不到一年就消失得无影无踪。回国后友人告诉我衣服被捐到非洲。那些因为身材从未走样而伴随我半生的衣服,竟然也能先于我到达非洲,也真是一种非凡的体验。

15.14 属男还是属女?

日程过半,友人来电,大妹子啊,这日子过得飞快。周末上奥莱转转?正好打折季。小女子我过于苗条,柏林本地恐怕很难买到衣服。坐公交的时候,看到胖胖的女乘客,我总是好羡慕,他们自信地展示着曲线,一屁股坐到我旁边时通常使得我只能侧身而坐。在美国工作的时候,丰腴的西班牙裔大姐总会凑上来问:"你就像那时尚杂志里面的模特,简直是皮包骨级别的苗条,你究竟吃东西吗?"我每次都想吼出来:"姑娘我吃!一顿不吃就两眼冒金星,饿了就变成吃人的老虎喔!"每次找医学界朋友求助如何科学增肥的问题时,获赠的总是一副你哪儿凉快哪待着去的面孔。

"妹子你买不到衣服,晒晒郊区的太阳也是好的,要知道去那奥莱的路上,就在波茨坦的附近,一日游的路线。"被友人说动了,择日,打扮得花枝招展的,随着他们一行6人浩浩荡荡地出发。

进了奥莱村后,人也不多,俺中华同胞几乎见不到,和店员聊天时,他们也纳闷中国人去哪里了呢?这里还有详细的中文地图索引,家乡文字竟看不到一个阅读对象。悻悻中与友人走到一家德国本土品牌服装店。刚一进店,就看到一位非洲裔的变性人,健壮又高大,外在表现为女性。她妩媚生姿,身旁站着一位保养得极好的亚洲男性,留着艺术家的发型。这倒不新鲜,来此快两个月,时不时会碰到一两个变性人。据说柏林的 LGBTQ 人群（女同性恋、男同性恋、双性恋、跨性别者、酷儿的英文首字母缩写）至少占到总人口的 5%，目前无法细分种族。变性人让人"困惑"的是，表象上虽然是个男人或是个女人，你不知道此人之前是男还是女；更为困惑的是，有的人看上去非男也非女，同时留着胡子和长发，穿着半男半女的服饰，你该如何称呼阁下？先生还是女士。在大街上，有时你看到一张美丽非凡的女性面孔，但谁又知道她变过几次？让人震撼甚至有点离奇。

本质上，变性是寻找自己的性别归属感。西方心理学认为，几乎所有的变性人，都花了很长的时间去思考自己是做男人合适还是女人合适。文明发展到极致是宽容，宽容给了人机会去思考这样的问题。文明的极致也可能是文明的尽头，子嗣如何绵延就成了不可能完成的目标。这恐怕也就是 LGBTQ 人群最具争议性、始终游离在主流价值观以外的原因。文明的延续需要人伦五常来推动，而不是简单的宽容。宽容的反面就是过于放纵的人性，对于自由的极端推崇，加之极高的社会保障系统，自由的通道无比畅通。

德国 80 年代有变性法案，需要 2 位心理学专家的询证过程后，出具两份独立的意见，有了专家意见后上法院裁定能否变性，可能 1500-2000 欧元，耗时 1-3 年；现在有性别自决法案，通过本人申请，进行声明，就可以改变性别。满 18 岁后一年有一次机会改变性别，当然名字也要相应改掉。在国家机构里，不存记录，对个体进行保护，从此你可以"洗白"。14 至 18 岁的青少年需要监护人和父母同意。这样的社会需要什么样的秩序感，才能实现自决呢？反对者质问：这岂不是方便耍流氓？此外，如果战时大家都说自己是女的呢？

不知道听完后是"我去"，还是"醉了"，或者是扎心？

艾博士今天打电话又爆料："你知道某国是世界上丁丁增大之都吗？每10万个成年某国男性有8人做过小丁丁变大手术……"

真是魔幻啊！古罗马死于梅毒。这不无道理。宽容与文明永续之间似乎有悖论。难道，文明的尽头是宽容？

15.15 "巫术"正流行

德国朋友某日递给我一张广告"催眠术的现场表演"，表演者是从事了30余年"通灵术"的名角，犹豫再三，终究未光临现场，但我从一场意外的视频节目中"邂逅"了他。柏林是一座既讲科学也玩"巫术"的城市，催眠师要向柏林卫生局申请执业资格才能上岗执业，属于辅助性措施，也不与医疗系统相通，尽管医学数据统计显示世界上至少有15%的人对催眠敏感。不过，到底有没有效果并不是我关心的话题，这种职业的存在让我觉得科学对于人类的认知远远不够；人类有诸多的疼痛、创伤与难以启齿的心理问题在科学世界里找不到答案。

"我没有什么特异功能，我查阅古籍，从中求得通灵术的起源，我就是靠意念，多年来我做的事情是站在临街住所的窗台前观察人来人往，并记录笔记。"视频中这位名角很平实地讲述着他的从业经历，并展示了一个绝对值得亲临现场的表演。他被蒙上了双眼，凭借着意念准确地寻找到了被某个观众捧着的气球,并拿锥子将其一举刺破。这种锥子富有夸张感,通常是《沉默的羔羊》或者《红龙》这样的电影中常有的作案工具。

值得一提的是,据媒体调查,去观看此名角的表演,大部分不是寻求刺激而是希望压力被释放,毕竟,柏林不缺刺激;有很多观众是抱着寻找科学线索而去的心态,但最后仍旧一头雾水地出来。他除了舞台表演,也从事商业咨询、写书甚至教学。他是个体户,没有团队,表演仅仅通过一个人完成。他的日常工作除了观察街景还有一项是逛旧书店。因为那里能够找到关于通灵术的古老书籍,这是他研习精进"巫术"的重要渠道。我立马感受到老书店的伟大作用。我国有个"孔夫子"旧书网电商,社会应该考虑如何借助书店帮助古老的职业发扬光大,建立与现代社会和谐共生的关系。

15.16　无罪不成书

在柏林的公交地铁通勤时总能看到认真阅读的人,年龄看上去都超过 30 岁,银发族较多,Kindle 使用普遍。这些"读书人"对上上下下的乘客很不敏感,如果发生肢体的碰撞,他们就换一下体位,继续埋头看他们的书。德国人非常有意思,他们注重独立和隐私,但对拥挤这种状态十分接纳,陌生人之间对身体触碰的接受度很高。即便胳膊肘偶尔碰到一起,各自迅速地变换体位就好,互相就像永不交互各自运行的小行星。有一次我忍不住打扰了一名阅读者,他看上去像一位公职人员,在看一本德语书,这让我很好奇。

"您讲英语吗？不好意思，打扰您了。能告诉我您在看什么书吗，我是个社会学家。"

"这是一本关于侦探推理的小说，Krimi，是关于一起谋杀案。"

"啊哈，这个词与英语的 Crime 很像。您喜欢在火车里读书？"

"对，我发现读书非常舒服，尤其是在长途旅行中。"

85 天里，我经常打扰"读书人"，做现场调查对象，只要对方讲英语，我就会抓住机会。我的访谈对象给了我以下的见识：

"我每天上下班单程需要 40 分钟，不包括步行时间。如果公交车堵车，时间会更长。除了读书，没什么事可做。"

"我经常在火车和公交上看书。不过我会随身携带 Kindle。"

比较极端的例子包括："阅读是我期待长途旅行的原因之一。长途飞行意味着数小时不受干扰的阅读时间，这真是太棒了。"我纳闷，难道为了能够途中阅读，而花大价钱买一张机票？

还有一次听到这样的愿望："我最大的期待是能够在去往西伯利亚的火车上阅读。"我不由感叹，人类真是一种非常奇妙的物种！

德国一家媒体于 2021 年发布了"全欧读书（纸质书）调查报告"，法国人和瑞典人并列读书冠军，每周平均阅读 6 小时 54 分钟；无拘无束的西班牙人以 5 小时 58 分排在第二，严谨的德国人 5 小时 42，奔放的意大利人 5 小时 36 分钟。好嘛，德国人竟然逊色于西班牙人？英国人垫底，平均每周读实体书5小时18分。英国人越来越热爱"轻阅读"，把大量阅读时间留给时尚杂志和八卦小报，而且英国酒吧比较繁荣，愿意在酒吧里寻找微醺感觉的人远远多于愿意在书里闷骚的人。如果剔除英国，长期在经合组织"周平均读书调查"中垫底的是比利时法语区。看来他们那些热爱阅读的法国亲戚没能影响比利时的亲戚。读书在欧洲不仅仅是个人行为，更是社区行为，新冠疫情让人更加享受读书时刻。在德国，独立书店和中古书籍的书店尤其发达。如果你想寻找某种古代的巫术或者通灵术的知识，就去那些中古书店吧！

在德国还有一种独特的现象，2018年德国一家市场研究机构发现德国人最喜爱的图书门类是犯罪和惊悚小说。德国专门设有犯罪小说大奖，每年按国内和国际两种分别评选3本年度最佳罪案小说。民间犯罪小说书迷组织也很繁荣，女性推理小说作家的"谋杀姐妹协会"非常活跃。我还得知了一位叫裘小龙的美籍华人作品也有德国读者。尽管我从来没有阅读过他的作品，但当听到一位华人作家的英文作品能够在德国市场受到认可，这让我还是产生了亲近与自豪。据说裘小龙笔下的侦探经常光顾馄饨店，随着剧情的发展，中国美食也被囊括其中。爱情与美食，总有一个必须入戏。

柏林的犯罪小说和由此改编的影视作品更是炸裂欧洲。柏林人尤其喜欢表现纳粹统治时期的犯罪小说，情节烧脑，人设复杂，以至于我开始认为柏林人有全世界最为复杂的人性。比如《巴比伦柏林》，改编自福尔克尔·库切尔的推理小说《湿鱼》，背景设置在魏玛时期的柏林，展现了特殊政治背景下的

离奇案件和纳粹崛起史。某男主角既有正义感，又对自家嫂子产生迷恋，堪称柏林版反派武松；某女主角白天到警局打杂，晚上做妓女，立志成为警督；某常设女角色是流亡的女伯爵，后来被苏联秘密安插到德国"红色堡垒"组织当间谍，同时也是托洛斯基主义者领袖的情人。保皇党、投机者、右翼分子……我惊叹柏林人历史知识的水平和政治敏锐度均能达到世界一流。

16　那旮旯的酒吧

今天 T 主任心情不错，下班前突然问我："咱俩从 zoologist 怎么回家？这是今天的考核任务。"嘿嘿，我狡黠地笑了笑。其实我已于上周就跑到考核地点的周边溜达了一圈，原因是鉴于某次邻国领袖到柏林访问，zoologis 周边被封路，使得我对此地产生了浓厚的兴趣。

Zoologist 在英文中指动物学家，在柏林是尽人皆知的"动物园站"。1793 年世界上第一家公共动物园在巴黎落成开放，跟随其后的是伦敦动物园（1828 年）、阿姆斯特丹动物园（1843 年）、柏林动物园（1844 年）和纽约中央公园（1862 年）。柏林动物园开放后，1902 年柏林的第一条地铁（今天的 2 号线）就建在了动物园旁边。柏林被分治期间，所有西方国家前往西柏林的火车都在此站停靠，今天领袖访德也在此"下车"，引起我浓厚的兴趣，于是我也在此下车一探究竟。

一家风格怪异的小型购物中心 Bikini Berlin 在一旁耸立，据说这里有着最小众的消费人群与最怪异的品位。我到达时竟然荒无人烟，每家店都和商量好了似的，店员们在我到来时集体消失，我成了商场里唯一的人类。路过一家茶叶店，店员一身潮牌的服饰，发型是中分式爆炸款，店里陈设就像一个大型多宝阁。他正在专注地擦拭器皿，对无人光顾本店无动于衷，对于一位来自茶叶故乡的路人毫不在意，眼皮都不抬一下，专心致志地爬上蹲下摆弄着茶叶罐。我服气了。

从这个诡异的商场出来后，顺便把动物园站汇通天下的路线搞明白了。所以，当T主任考验我时，我马上熟练地指点着地图上的路线。他笑眯眯地表示，你看你老大远来了，还没当自己是地方老百姓吧，今天我来带你转柏林，全是非旅行团路线，其中一项是去当地的酒吧喝啤酒。

柏林的啤酒喝法有很多种，临街站在简陋的直径仅为40厘米的吧台前饮用500毫升以上是一种最常见的快喝法，同时点几样非常不健康的小吃，以肉丸或肉肠为代表，用油煎过后淋上番茄酱，撒上咖喱粉，与薯条一起出品。西餐喜欢用酱汁隆重地盖在主菜上，或者挤上几道花纹，就像是猛兽身上漂亮的斑纹，就像我国某些大厨喜欢在任何菜品出锅前勾它一个芡！这或许在视觉上有种温柔的平衡。T主任非常尊重我的人权，他在第一次和我去找食物的时候就问了我的饮食习惯，我表示，自多年前首次光临日耳曼，就对贵朝的食物皆适应。在我国，除了不吃鹅、兔子还有野生禽肉，对了，绝不吃大雁，那么忠诚的动物，可不能吃掉。你知道鲜儿劲的鲜吗？鱼和羊是我最爱吃的两种肉类。不过，什么炸薯条、肉丸子肉肠的，还是少吃，来点鸡肉沙拉比较好……从那以后，他绝口不问我能吃什么，反正这里的人不会吃烧鹅和大雁，我也不会问"what is it?"。

快喝法还有一个礼仪，要忽视你对面和旁边的人，即两个完全陌生的柏林人在不过方寸的吧台上彼此连眼神都懒得交换,这让我大开眼界。这天我、T主人还有另外两位男士,共同挤在一张吧台旁,四瓶酒就占满了台面,勉强能再摆两盘肉丸。我对面的男士全然不理我,和旁边的男伴聊着天,T也不理他,大家就这样互相不理睬。不过,由于我感觉这位男士特别像 Arnold Apachi[①],直接就恭维他说你长得可真像一位意大利演员!事后T常常以此事夸耀我这枚爱徒,说我是个有多元文化思想的好苗子!其实,我就是觉得几个成年人胳膊都接触了,人却不言不语的,这让我觉得浑身难受。不知道万能的德国《克尼格礼仪大全》[②]是否对此场景的正确做法有所研究?

某次,换了不知道几趟车后,我随他前往某个意大利土耳其融合菜馆,地盘很小,街头盘踞,室内拥挤不堪,紧凑着摆着几张桌椅,室外人声鼎沸,不知道占街设位要不要收占街费?外桌的客人至少是里屋的两倍。

"在德国要适应和陌生人胳膊肘相碰的感觉,选择露天座位时最好主要把随身物品放在两腿之间的地面上。不过,通常都很安全,我不希望你担心。"T主任简洁明了地公布了就餐注意事项。

德国人会喝啤酒,酒保会不会打出一杯像样的啤酒也并不是一件容易的差事。柏林的男顾客会盯着酒保"做"啤酒。如果感觉哪不对劲了,顾客会严肃地盯着酒保:"你到底在干

---

① 美国意大利籍男影星,《教父》中小教父的扮演者。

② 本书出版1788年。作者是德国思想家克尼格男爵,被誉为西方礼仪之父。他阐述了基于平等和尊重的礼仪原则,对现代西方礼仪体系产生了深远影响。

嘛？"一副要把酒保吃了的样。此外，Local那旮旯意味着你要适应可能一脚踩到啤酒君子对伟大柏林的贡献。随地大小便因为上千种啤酒的供应变得被社会容忍，公交和地铁里会经常出现令狐冲，尽管有关于"大小方便"的法律，柏林人选择对此睁只眼闭只眼。

在章鱼村的酒吧，当地人说段子的水平真是一流，敢情冷酷的德国人都把热情兜售给酒吧了。T主任带我去了他10年来经常去的一家酒吧，让我感受一下马林菲尔德式幽默。T主任兀自与老友打得火热，我正好与local们有机会待在一起，只可惜大部分人的英语都较为简陋或词不达意，大多类似这样：

"你好，我来自北京，现在在德国联邦政府做研究项目。"

"你好，我来自联邦'内部'。"大哥用了"interior"这个词。

我眼睛朝上、严肃地思考什么是"内部"。旁边的人凑过来，蹦出来一句，他来自CIA！

"就是，我怎么忘了我是CIA？"

我朝他握手说："您好，探长先生！"

探长先生立马开始讲笑话，在T主任的翻译引导下，我大概听得以下内容：

"只有德国人的啤酒才叫啤酒！如果在一个月内，啤酒和做爱只能二选一，那我宁可选择啤酒！"

"膀胱炸裂又摇摇晃晃的我有一次在疯狂地找厕所，被几处场所拒绝后，此时我已醉得不知道收费厕所在哪里，但我依旧闻得到酒吧在哪！进去后酒保问我喝什么，我说随便，然后让他指给我厕所在哪！"

这样的场景可以连续发生好几个小时,捧腹大笑的事情一件连着一件,你还以为到了爱尔兰。有些笑话十分具有现实讽刺意味,让我觉得章鱼村的酒保们都堪称政治学家。在这家酒吧,听完了以下这个段子后,我起身离去,洗洗睡了——

柏林人向酒保点了一杯啤酒。

酒保:"20欧元。"

柏林人:"昨天不是才3欧元?"

酒保:"3欧元用来买啤酒的,另3欧元用来帮助泽连斯基的,还有3欧元用来帮助巴尔干半岛国家买取暖设备的,4欧用来帮助泽连斯基的盟友,另收4欧用来帮助英国制裁俄罗斯,还有4欧用来帮助非欧盟的朋友制裁俄罗斯,少说了3欧,用来补贴欧洲其他国家天然气费用,以便他们继续制裁俄罗斯。"

柏林人:"好吧,20欧,给你!"

酒保:"找你3欧元,抱歉,店里没有啤酒了,其他都有!"

17　三个职场礼仪

柏林人的政治历史知识水平颇高。经历过魏(玛)纳(粹)二(战)冷(战)的柏林人,谈论政治是家常便饭,欧美众多社会运动发源于柏林。这里的人对中国政治了解的程度高于其他国家。有一次T主任和我竟然聊到周恩来,说起他在柏林闹革命的历史,我赞许他知识渊博,也回赠了八卦轶闻,比如周恩来曾被中国的盖世太保称作"民国四大美男子"。他的言谈举止、着装礼仪让很多老外倾倒。东聊西聊,T主任突然问我,为什么现在你们很少有一位graceful的政治家?我转而询问他对graceful的定义。由于这个词过于抽象,而双方能够援引的英语案例比较有限,此话题就不能深入下去了。最后,T主任认为我具有graceful的潜质,原因是比起很多亚洲人,我显然更容易与研究所的人混在一起。这分明是在肯定我的外事工作能力嘛!我表示将以此为鼓励,继续开展有利于两国人民有益的工作。有很多外事技能已随着工作的变迁沉睡多年,柏林之行唤起了某些回忆。早年在异国他乡漂泊,尤其擅长三种技能:

首先,我能够记住人家的姓名。我从不畏惧地问对方您贵姓？记得当年在国外打工时干过一件事，给人发邮件做市场调研。移民国家的姓名五花八门，有的还有中间姓，我会先向人请教如何对姓名进行准确的发音，然后才去发邮件。久而久之，对各种姓名都能记住发音。后来我在外事工作中对欧洲各种奇怪的姓氏有种信手拈来的感觉，甚至超出了我对中文姓名的记忆。德国人在称呼姓氏前还特别喜欢加头衔，填写德国铁路和汉莎航空网站的客户信息栏时，都会看到"Professor"这样的选择；研究所的所长，必须叫两个 Dr（双博士）。而我国更愿意用某哥某姐的称呼，尤其是我的姓氏加上姐，正好是我中国一位英勇就义的共产党员，我不得不回赠大义凛然视死如归的表情，以免愧对这称呼！在职场上我多次呼吁回归职位称呼，或者以尊称开头。偶尔也有例外，遇到一些老外，会直接告诉我，我天生就记不住姓名，请原谅我，你能再重复一下你的名字？还有一位教授，上第一堂课时会拿着摄像机把所有学生挨个拍一遍，说这样每次上课前我就能想起来谁是谁；在微信时代，我也见过一位院士把见到的人都拍照，存在微信里，并立即标注，那场景活像警察局里刚刚抓捕进去的嫌犯，咔嚓几声，正侧像留存。

好吧，第二个技能是使用邮件。本宝使用 Outlook 已长达 20 年，尽管这从未有助于我步步高升，但这是与洋人沟通最重要的渠道。打开邮箱的一刻，还有种开工的仪式感。回想起第一天凯小姐迟到十分钟还要发个邮件，再正常不过了。在我国，除了在外企，邮件就像个鸡肋产品，微信时代必须通过大大小小的群发布各种通知和材料。各位，您到底有多少个群？有不少临近退休同事，说自己从来没有用过邮件。退休后

他用邮件的概率多少呢？而很多欧美退休者，还在使用校友邮箱，退休后乐此不疲地用邮件与世界各地联系。还有一个值得思考的现象，很多人即便使用邮箱，也不爱用本单位的邮箱，都是第三方邮箱，这让我感到困惑。洋人们不仅要使用本组织机构的邮箱，还会郑重在下方签名处写上各种头衔，且公私分明，会严肃告诉你，我有个私人邮箱，有私事你得往那个邮箱发啊！

第三个技能是有力地握手，重点在于有力。握手本就是一种西式礼仪，德国的职场尤其注重握手与着装这样的细节。握手作为一种润滑剂，更是把"很高兴见到你"这样没有温度的话配以实际行动。我粗略回忆过，在我国，握手大概80%都很随意，状态不过软绵绵、羞答答、轻飘飘。兹以为，如果真的感觉很勉强，双方还不如不握手，改成日本人的点头哈腰。也许，疫情加重了物理性隔离，人与人之间的礼数少了很多。但中华可是礼仪之邦啊，肢体、美食与器物哪样没承载过礼数呢？同时，握手是一种自信的彰显，我倾向于热情有力地握手。由于小女子偏瘦，与我握手的男性总会认为我弱不禁风。所以我在被握手的时候努力纠正这种认知偏差，以饱满、热情、厚重的方式表达我有容乃大的心理。姑娘们，伸出你们金贵的手，要握，就好好地握吧！

18　马克杯遗产与厨房社交

德国人可能是发达国家里最喜欢带水杯的族群，日耳曼民族不提供免费的水，水杯的作用显得十分重要。也不像美国到处都有路边饮水槽，压下按钮张大了嘴对着水龙头解渴是街头一景；忙碌的柏林人坐公交时会吃零食啃面包，然后举起水杯在嘴里咕噜几下。我到达柏林的时候随身携带了一个150毫升的水杯。每次在坐公交遇到邻座拿着好几倍于我水量的杯子牛饮时，感觉就像小渔船路过泰坦尼克号。办公室的碧昂卡，在读的博士小姐姐，见我那迷你随身水杯还不如我的巴掌大，觉得用处不大，说你以后就用厨房的马克杯吧。她带我走到厨房，打开上方的一个大柜门，"都在这里了"。

分配给我的办公室位于研究所6楼，走廊两边的尽头各有一间公用厨房，一大一小。说是厨房，更像是一个为大家提供热饭和吃饭的社交屋，当然不能做饭。其他楼层也有厨房，地点与风格各有不同。此层的大厨房24小时提供两种免费水，气泡水和自来水。但这两种水都不太适合我国人民的肠胃；配有两个烧水壶，有一个自我上班的第一天起就发现是坏的，直至我离开时永远放在那，不知原因；每次遇到新来的人，都会像我一样用错了壶。这些都不是厨房的特别之处，碧昂卡打开柜门的那瞬间，我有点意外——数量惊人的马克杯塞满了橱柜。

杯身的刻画题材丰富：从基督受难到文艺复兴教堂窗棂，从英国田园风光到波希米亚太平鸟，从高呼爱情万岁到慰藉心灵的鸡汤，宽口窄口，圆口方口，小腹大肚，细把儿粗把儿，麦片杯，面条杯，米饭碗……只有你想不到的花色品种与文字，具有对情绪进行治疗的显著效果。这些都是自愿捐助的结果。研究所的人来来去去，他们中间不少人自愿为厨房留下"遗产"，从厨房用具到各种食物容器，数量最多的当数马克杯。研究所的厨房是"杯控"人士的乐园，我也养成了"送礼"就送马克杯的习惯。研究所也有"八项规定"，贵了可不行，便宜又风雅的马克杯最合适。马克杯也是15世纪航海大发现和跨国贸易后瓷器的华丽转身，最终走向平民百姓的家中，成为必需品，同时又是件拿得出手的礼物。

以后只要是从公寓到办公室的单一路线，我就再也不带水杯了。

进厨房的目的多半是为了烧开水，偶尔是为了热饭，再后来是为了找个治愈情绪的马克杯泡茶，顺便遇见个能侃的聊聊天，偶尔约个同事一起吃各自带的午饭，再后来索性改到厨房约人见面。马克杯天生就适合用来这事。我可不想让他们躲在柜子里沉睡。打开柜门，问对方看中哪个杯子，俨然一副女主人的形象。

我在此几乎邂逅了研究所编码为2、21、22、23、24、25部门的多位科学家和工作人员，这里的部门都用数字做简称。我喜欢听他们讲各种人生经历和从业经历，展示各自的性情。

通常，开场白都十分有趣：

"对不起，我天生就记不住人名，您刚才说您叫什么来着？"这是一位从事媒体研究的人员说出来的话，我很好奇，他不是搞媒体的嘛，这怎么做人物采访呢？

"我是某某部的某人，听说您是刚来的中国科学家？"也有喜欢打秋风的。

"您热的是中国食物吗？真好闻！"微波炉里由于混杂过各种食物，通常散发着"哈喇味"，并不好闻。这类人基本属于没话找话类。

"这茶看上去真不错！"这属于对中国茶叶一窍不通的人，通常只在意袋泡茶的香料。不过，从第二周起，我也改喝带袋泡茶了，竟然10包还不到1欧元！

我也喜欢主动开口。

"您是来烧水的？我刚烧好，来，免费！"我主动为对方倒上。

"您这是预制菜还是亲自下厨的？"看到诱人的食物时我会主动询问。

"您英语真棒！"假装英语是我的母语似的。

"今天的天气真是棒极了，您看那湛蓝的湖水。"厨房面朝当地最大的公园湖"Jungfernheide"，这湖水被当地人形容是夏洛特堡扔出去的一块石头砸出来的地方——德国人连形容湖都这么硬啊！

"您的度假计划拟好了吗？"对方有可能就在对面的湖里裸泳度假。

离开柏林前一周，我向T主任提议，在厨房里搞个中国茶

艺活动兼告别仪式,由我给大家讲讲中国古今品茶之道,顺便把我带来的几款红茶泡给大家尝尝。"这简直是个绝妙的主意!会有很多人感兴趣。你先写个宣传页,至于所需的活动用具,我来发动大家一起找。"我天生具有策划活动的能力,这样一个活动对我一个人来说足够应对。但由于我把看尽柏林博物馆的任务放在了最后一周,导致这个想法因抽不出来时间流产。最后,我向T主任写邮件对我没有实施计划深表歉意,并提出一个新的方案。我在德亚上找到了一家颇受好评的手工巧克力糖果店,在研究所的最后一天,我摆上了这家店最受欢迎的巧克力请大家享用,并撰写了一篇饱含深情的临别告别辞。我对自己的这段话还颇为满意,告诉他们正如文豪萧伯纳说自己那样,我们中国人也有"对爱情的渴望、对知识的追求、对人类苦难不可遏制的同情心",这三种纯洁但无比强烈的感情也属于中国科学家。

  T主任的助理帮我一起布置现场陈设,他是一位极为热爱巧克力的帅哥,我请他帮我预先品尝,验证我的购买品质。他拿起一粒先仔细闻了闻,"啊,上帝,好香浓的味道!"就这样,我没有留下马克杯,来不及搞讲座,留下了一段告别的话和一盒巧克力。我肯定会再回来的,到时候我带一个茶叶讲座回来。

19　科学凡人

研究所的科学家走在人群里辨识度都不高，但千万不可以貌取人。这里除了某些专业服务人员，大部分人的日常穿搭很随意。经过仔细观察，发现这些科学家都很有个性，又不事张扬；他们发明了很多充满仪式感的办公室细节，把个人的某种小爱好发展为某种价值主张，通过服饰或者办公室的陈设无声地彰显出来。比如背包上有某种野趣的图案可能是位环保人士；喜欢穿大红大绿的男生可能有意大利血统，中性着装又十分健壮的女生可能对极限运动有某种特殊爱好，或者喜欢独居和远游；有一位厨艺惊人的意大利科学家喜欢给大家带水果；一位搞质量管理的科学家会把救火队的警示灯钉在门口，永远点亮；一位大牛科学家桌上总是摆着糖果，有访客时先请对方吃糖喝茶。看到某种特点时，我都会好奇地询问其意义，然后再进入对方的科学世界。

还有一种很酷的穿着特点：各种门禁卡被一种具有回弹性的绳索串起来，无论男女老少，都喜欢将其挂在腰间，尤其是穿牛仔裤时，那种撩起衣服手伸向门禁的动作，不仅方便，还酷得像警察掏枪。也不用担心像在意大利这种地方被人顺手撩了去，这样的物件不大容易成为小偷下手的目标。这种穿戴其实反映了一种德国版牛仔时尚；针对自行车骑行爱好者，还有专门设计腰间能挂各种物件的服饰。想象着自己风驰电掣的同时，那些门禁卡、钥匙和水杯在腰间叮里哐当作响，不必担心掉下去，真是别有风情的自由自在啊！后来我也开始学着这样打扮了，把从腰间掏绳索的姿态与掏枪的动作进行了PS，请同胞们欣赏柏林女间谍的风采。

这些颇有特点的科学家中，有五位让我印象尤其深刻，排名不分先后。

第一名是科学与外交才华并列的所长大人。

所长大人在位已20年，还没满67岁，把研究所治理得相当繁荣。关于他的故事颇多。初见此君时，身量体型堪比大象或者耕牛，行动迟缓，但他的着装让人过目不忘，因为他是在这个年代坚持上班打领结的德国人。以他超过一米八的个头和微胖的身躯，领带显得既招摇又普通，领结则是一种透射精巧心思的物件，在视觉上起到了某种平衡作用，让他显得生动有趣。想象着给一头大象的脖子戴上领结！实际上，与他交流是颇具挑战性的事，他心思灵敏，是他躯体灵活度的上千倍，人工智能估计都比不过他的词汇量与反应速度。要接过他抛来的话，绝非易事。他总是操着极快的语速，与交谈对象进行抖音主播级的交流。你的每一句话，他都能全方位地解读又准确地找到角度。这就是集外交才能与科研才能为一体的神级所长——他还曾是德国国家手球队的队员。

疫情前是最后一次见他，4年过去了，离第一次见他也已经10年过去了，在庄园的会客厅我们再次相见。他的第一句话是:"您还是这么美!当然,我还是这么年轻。"这句话顿时惊艳了全场。不知道他有没有人给写语录,但是,他讲过的话,有种魔力,会被所里的年轻人流传。比如:

"咱们机构越不为人知,说明食品安全工作做得越好!"

"我不知道中国人对哪种葡萄酒感兴趣,但是,雷司令深入人心,所以,每次给重要的中方人员带礼物的时候,你们就挑选一瓶雷司令吧!"

"亲爱的员工们,我承诺过我要给你们挑选一位极为合格的副所长,我正在努力地这样做。"

在这样一位所长的执政下,研究所学术氛围开放,人人都有一摊事,国际合作如火如荼。最后,所长大人不用担心被诬告、内部审查以及政治迫害,但会面临很多极端和疯狂人士的口诛笔伐甚至死亡威胁。死亡威胁在欧美发达国家中是一种常有的事,比如一名小镇的市长,因为倡导引入移民解决用工荒的问题,结果在大马路上遭遇极端分子的威胁。这样疯狂的事,也许是人权过于发达的负面案例。西方还似乎存在着暗杀政客的传统,有时候杀人的动机简单、荒谬到让人不可思议。在这样的环境下,我深深理解老所长的苦衷。他同样需要高超的政治技巧和搞五湖四海的精神。

第二名是为了爱情远走他乡的细菌克星 Istvan 博士。

与 Istavan 会面的过程极具戏剧性。本来约定的日子不是去他的实验室,而是见一位弯曲杆菌的科学家,结果他们俩自行调换了时间,T 主任没有及时通知我。我按原计划走向弯曲杆菌实验室,结果走错了地方,恰好走到了沙门氏菌实验室。为我打开门的正是这位 Istvan,一张中东或是东欧的混血面孔,

是我见过的最好看的德国人。

他是一位极其热情、专注又散发着魅力的匈牙利籍德国科学家。

"我觉得研究所很了不起,能够有预算把单个细菌做成了参照实验室。沙门氏菌仍然是欧洲排名第二的食源性微生物危害。我们应该给予足够的重视。"他向我展示数据:2022年8月至2023年7月中旬,欧盟有13国报告了92例病例,其中德国最多,占26例,感染源可能是樱桃或者番茄以及生食鸡蛋。

"我觉得德国人对于微生物普遍不重视,饭前不洗手的人我见过很多,也有食物拿起来就吃的习惯。吃生鸡蛋似乎是对自然法则的遵循。这容易导致食品安全问题。"

"您说得很有道理!这里,有人认为微生物不足为怪,保持原始自然的状态是很多人的生活方式。我们常常苦于无法确定感染源。有一次开国际会议,我们一致认为,甚至马桶比厨房要干净!因为马桶总是被认真对待,厨房却不是。哈哈!"

在这个国度,研究所正在努力向公众说明如何实现一个干净的厨房,通过科普视频在社交媒体上发布关于沙门氏菌如何通过未充分清洗和加工的禽肉使人致病,病原微生物在特殊效果的"脏"厨房视频中毛骨悚然地爬行。如果不是住在章鱼村三个月,我又怎能想到,这竟然是一个不爱洗手的国度?

Istavan是一个匈牙利常用的男性名,这位老帅哥有一头极为浓密的头发,惹得鸟儿都想筑巢。他说话的时候,卷曲的头发会随着身体偶尔飘荡在空中,然后,他会伸出手来抓一抓。那种无意识的动作,与他专注于表达科学内容的表情,形成鲜明的对比。他给我播放 PPT 时，表现出对动物的仁慈。一提到实验小动物，他就投射出护犊子的眼光。

"你看，我在给这只小母兔做按摩呢，按摩让它放松下来，有助于从扎破的耳朵血管里取血，还要给它听音乐。这可能有点夸张，但这样做没有什么坏处。"他一边演示，一边欢乐地说道。

事后 T 主人说，十几年前他俩就认识，下班后是玩伴。"我这位玩伴原本是匈牙利人，在匈牙利某大学教书，一位可爱的德国女学生成了他的学生，然后，发生了爱情故事。他为了爱情，辞掉了工作，跑到德国来，学德语、重新念博士……然后在柏林安了家。现在有了两个孩子，可不比刚来那会儿，两个男人还能混在一起，没时间了啊！"T 主人不无遗憾地说道。

Tstavan 讲完了如何从风险防控的角度对付这种细菌后，我和他都觉得饥肠辘辘，屋里的温度急剧上升，午间的阳光照射进来，他向我道歉，这里既没有空调也没有电扇，就这么忍着。我立马看了看天气预报，现在显示 31 度。他决定带我去"食堂"吃饭。起身时发现了他的小秘密，午休椅。他说他是一名午间爱打个盹的德国人。其实有超过一半的德国人爱睡午觉。

一路他问了我很多关于中国的问题，我表示，如果有机会，我会上他的母国看一看，他则表示自己马上要拖家带口去意大利度假了。我对这个为了爱情在章鱼村工作的男人表示祝福。同时我从他那了解到在东西柏林统一的问题上，性情自由的匈牙利人十分积极，甚至发起了"共同越界进行野餐与散步"的活动倡议。在活动举办当天，边境开放了 3 个小时，有

300名东德人抓住了机会逃入奥地利，另有成千上万的东德人在边境等候机会。德国前总理科尔曾经指出，"敲下柏林墙第一块石头的是匈牙利！"

第三名是像鱼一样波浪起伏的"鱼"博士Pucher（直译：打击）。

与"鱼"博士（或者"打击"博士）的会面在第二周。地点就在研究所总部所在的章鱼村。穿过一群让乌拉圭人惊叹不已的实验奶牛（上周乌拉圭人刚刚参观过这里的牛，据说啧啧称赞），进入到一幢外表上不明用途的小楼房，素净又整洁。一位脸庞俊朗、纤瘦的金发年轻人走了出来，有着一张标准的长方形脸，据说这样的脸型是德国北部常见的哈尔施塔特型，就像原始的北欧海盗一样，难怪会取名"打击"啊！

他让我对科学家的肢体语言产生了新的认知，他说话的时候就像他精心呵护的那些鱼，会随着语音语调的停顿起伏而摇晃着身体，仿佛在游动。法国人说话喜欢用手比画，这样比说话更节省时间，意大利则是语言与手脚都会并用，永远停不下来；英国人客气又含蓄，美国人直接又自信，而且通常会响亮地介绍一下自己！这位"打击"先生或许陷入一种对鱼的迷恋中，符合德国人专注的气质，见到我就是握了握手，互道姓名，然后开始心无旁骛地给我讲毒素、水污染对于鱼儿们的影响。

"您有过与鱼相关的任何知识和经验吗？"

我不太好意思说最常有的经验是吃鱼。据说中国食用鱼类的数量之多是世界之最，大陆与港澳台共计4922种。

他看到我犹豫的表情，主动问我，是否吃鱼？

"要知道,水源如果发生污染,最重要的影响是导致鱼类缺氧而死亡。"

我俩就此开始了科学问题的探讨。"研究重金属对鱼产生的毒性是我的专业领域之一。"他再次强调。我告知我的工作团队研究过斑马鱼,我也展示了我的专业知识,指出斑马鱼与人类基因有87%的高度相似性,是一种优良的模式动物,对于食品安全的实验室研究十分重要。

而对于打击博士的讲解,我佩服得五体投地。在我听过的成千上万个参观讲解中,他是顶尖水平,从头到尾没有用一处语气词,也没有一句废话,除了有关毒理的一些过于专业的词汇超出我的知识,其余我都听得十分明白透彻。最后他在一套上百万欧元的纯水设备前停下来,结束了讲解。

"没有好水,哪来的食品安全呢?"

我表示赞同,"有了好水,鱼就不用听交响乐了。"

他一愣,随即哈哈大笑。

送我走到门口的时候,他才开始问我的工作背景,尽管T主任在约见的时候,已向他做过一些关于我的介绍,他出于好奇与我交流了一些中国知识。

"我觉得你一定懂得和鱼对话,你说话的时候具有一种'鱼'性。"他可能觉得自己从来没有被这样评价过,又兴趣盎然地提到,为了研究亚洲的鱼的代谢问题,他曾经在越南待过3年。

"你没有交上一位越南女朋友吗?"我打趣地问他。

他哈哈一笑。

第四名是吉利车主、转基因大咖Broll博士,转基因检测实验室负责人。

他在欧洲转基因问题研究圈子里名气很大，开发过很多转基因的研究方法。临去之前，T主任专门嘱咐我说，他很tough（严格），立场鲜明，对待转基因问题铁面无情，你可要小心说话，不要太在意立场；"不过，人是相当好！"他又强调一遍。

我进入他办公室时，他一袭碎花衬衫，身材魁梧，褐发棕眼。由于嘴型阔大，我总觉得他时刻都咧着嘴在笑。这哪里像一位声名在望的科学家？更像一位喜剧明星呐！

布博士握了握手，请我在会客桌前坐下，拉过一把椅子。他先是弓起身子，手托着下巴，进一步确认我的来意。我丝毫没有觉得拥有盛名的他给我任何压力。我行云流水般把国内食品转基因检测方法的有关情况做了概括。我可能达不到鱼博士的水平，讲另外一种语言的时候会时不时蹦出语气词帮助我思考，同时，还会辅以手势与眼部表达。当我的眼神从对方身上挪开时，或者往上看时，说明我正在尽力找词攒句，正在准备下一句。几个回合后，布博士已经开始改变姿势，开始交叉着腿，靠在椅背上，一只手伸过来搭在桌上，朝我友好地点着手指，面部表情变得极其温和。他开始和我讲述与中国相关的经历：

"在我30来岁的时候，负担很重，有3个娃嗷嗷待哺，然后我又很想在中国做点事。到了2013年，我觉得时机成熟了，生活也宽裕了，于是就决定到中国去看看，我喜欢上了上海。"

"为什么是上海？"

"可能因为我没到过几个中国城市，上海又是外国人云集之地。我就在想，如果我想再重回上海，那我应该搞一个具有国际影响力的会议，必须有中国的参与。"

"这个主意真是太棒了!您富有远见。"

"于是,2015年我建议欧盟到中国开一个国际性的转基因研讨会。那时我在JRC(欧盟联合研究中心)工作,在Ispra。"

"那时我还不认识您,认识一定参与谋划。因为我很熟悉JRC。"

"创意一经提出,很受欢迎,欧盟说这会太重要了!我甚至开始计划带上老婆大人一起转转。只是,过了几天,欧盟的人告诉我说,由于此会过于重要,我们决定在意大利开,就在科莫湖边!"

"可能是哪位决策者对科莫湖一往情深?"

"哈哈,完全有可能。再过了几年,我又与一位中国学者共同策划一个新的会议。但不幸的是,和他说这事还没几天,这位学者竟然去世了!"

"他叫什么?"

布博士很认真地翻邮件。根据他提供的拼音和机构的英文名称,我查到,这位中国学者叫"张大兵",曾任上海交通大学讲席教授。在中国的搜索引擎中这样提到他:"中国共产党党员、生命科学技术学院讲席教授、著名植物学家、国家杰出青年科学基金获得者张大兵教授于2023年6月22日因重大交通事故不幸逝世,享年56岁。

"于是,这第二次缘分也错过。从此,再也没找到去中国做点事的机会了。"

我认真记录了这段内容,思考着回国后,能否有机会让他为中国做点事?

会面进行到尾声,我们开始谈到章鱼村的生活。

"柏林很适合骑自行车,这里地形平坦,气候温和,夏天不热,

"那是,骑车还能进公交地铁,多方便!"

"不过,我住得离 Jungfernheide 有点远,我买了一辆吉利电动车。"

"是吗!您的体验如何?"

"这车用于上下班通勤真是太棒了,而且,吉利有奔驰的股份,对吗?这给了我们信心。"

我由衷地为他选择吉利感到高兴。

"哪天约着您一起坐您的吉利去听音乐会吧!"

"你一定要去勃兰登堡门广场看万人露天音乐会。这里搞的活动都规模巨大,人群聚集超过3公里。你知道六·一七大街吧?这条大街每年有100天因为各种活动会被封路。我们柏林人很讨厌这样,但游客很开心!你抓紧在 Marienfelde 度过的时光!"

"感谢您的建议!其实参加派对的主力还是当地人,我对你们在公共活动中表现出来的素质还是很钦佩的。"越有秩序就越有动力,无需官方耗费公共财政,最重要的是自发的热爱、对纪律的践行,剩下的就交给乐队、公益组织和发起方了!我俩再次交换对彼此观点的认同。

聊到最后,他突然主动提出来请我去参观他负责的实验室,他要亲自为我讲解。这出乎我的意料,T 主任说布大牛既不好约,也绝不会临时带人参观实验室。我就此画上了一个圆满的句号。

第五名是"我有很多才华"的美女碧昂卡博士。

美女与我在一间办公室办公。第一次见到她,就让我觉得与众不同,她说自己有很多才华,做饭是其中一种。她是位大大咧咧的德国女性,正在柏林工业大学攻读博士学位。她的性格非常像美国女人,独立又自信,喜欢有话直说,率性而为,不喜欢穿冲锋衣,由于英语几乎到达母语水平,无论气质还是语言都让我以为遇到了美国妞。由于研究所的风险评估组引入了社会科学研究方法,囊括了不少来自人文与社会科学的优秀研究人员,包括政治学、传播学、社会学和心理学,碧昂卡成为其中一员。T主任认为我应该和这些人多混在一起,感受一下不一样的科学画风。我俩的想法不谋而合,实际上在章鱼村公寓里下厨的时候,我喜欢上一个台湾大学教授讲社会学的广播节目。他不止一次地重复:"不要问我学社会学有什么用,因为你未来要面临田野调查的危险,必须有为弱势人群服务的义工经历,有时候你面对的社会黑暗面超出你的认知,诸如此类,对你到底有没有用,天知道啊!"

我十分珍惜与这些人员接触的机会,尽管天知道他们能够干些什么丰功伟绩,这不是我要操心的事。一个理工科人才集聚的组织,能够拿出经费雇佣一群人文与社会科学研究人员,这需要银锭,更需要远见。

我和她见第一面时就聊了两个小时,我们从风险评估的方法论聊到古典社会学,最后说到如何养蝴蝶兰。她指着窗台的一排兰花说:"这些花,是我专门为迎接你而放在这里的,希望你喜欢。"真不愧是学社会学的,我给了她一个大大的拥抱,"你是我的'同窗'啊!"

"你还有什么其他的才能?我特别想知道。"

"我还会用微信呢!"她非常幽默。

后来，通过研究所的同事了解到，她来自一个富裕的纽伦堡家庭，多才多艺、大大咧咧或许源自富裕的家境。她还擅长提问题，总能穷追不舍地问到直击灵魂的部分。此处允许我自夸一下，幸好我的英语水平已经能够应付这些灵魂的拷问了。不过，我深刻感受到，如果不去解决灵魂深处的问题，学文科干什么呢？

到了后期，我和同窗已经开始交换如何更完美地涂抹指甲油了。我们相约要去趟波茨坦的中国茶室。不过最终未能实现，主要是因为我总是不敢答应一个固定时间。在章鱼村的时间不长不短，总有人刷新我前一刻的认知，让我觉得后一刻有更重要的事情和去处，耳根常常一软，临时改变主意，不能固守约定。为此，离开柏林前我特意送她一个马克杯，以示歉意。

这五位人物，是我眼里的研究所的"人大与政协代表"。

这样一支强大的国际队伍。鼓舞着我在一个特殊的历史时期完成了对柏林的全方位体验。7月底的某天，在这支强大的科学凡人面前，我完成了一场报告会，获得了敲桌子的礼遇，这让我倍感荣耀。

20 "万能" T 主任

除了上述"人大与政协代表",还得对 T 主任浓墨重彩地回忆一番。能走进 20 多位科学家的办公室,源于一个特别能张罗的人,就是神通广大、万能、零敌人的 T 主任,60 后一枚。脾气好、能力大,大概说的就是他——实际上我觉得他应该到德国外交部工作。从到达柏林的第二个工作日开始,T 主任就给我安排了 20 多场见面交流会,让我感觉就像参加相亲节目,片刻不得休息,研究所几乎一半的部门负责人全都拜会过。最重要的是,他当初答应了做我的项目导师,然后疫情席卷全世界。尽管我们从未谋面,他以其低调的热心肠,在幕后协调了我赴德的各种事,使我进入 2024 年研究所的客座科学家名单中,真可谓,你不放弃,我不言弃!疫情期间,和众多德国人一样,他一边无事可干,一边支持我坚持不懈地攻克各种手续。此外,我觉得他就像我在章鱼村的监护人。要知道我在这里举目无亲啊!在此,我深感如果不收录他的几句生活主张,似乎白白认识一场,更要感谢他对我照顾有加。他甚至认为我的英语水平是在他之上,因为我会"掉书袋",哈哈!他的那些小确幸与小习惯帮助我理解德国知识分子的精神世界,随之展露的表情也十分生动有趣。他还尤其喜欢身着粉色T恤，在研究所里清一色的牛仔配夹克的女性中，他就像一朵大红花！

现在只要能出门的都是有钱人

只要快到周末，T主任就会主动建议我坐火车到柏林相邻的村镇走一走。

"你应当去附近看看，如果你还没有去过的话，因为柏林是个被炸毁的城市，这里90%都是重建的结果，周边很多古老的小村庄和小镇得以保存，在那里你可以看到更原始的德国传统社会。"可不是吗？章鱼村就是其中一枚。

"我觉得有一群愿意建设国家的人，即便物理层面被摧毁千遍，精神也在。"

"我很高兴你能这样认识柏林。不过，你应当去周边看看，那里的小镇生活让人感到松弛。你我都来自大城市的人，这里比较压抑。"

"那敢情好，您帮我规划一下路线？"既然主人都这样建议，我也客随主便。

"来，坐下，我们现在就规划一下。"一谈到如何策划旅行，T主任的脸上就绽放着快乐。好像是在给他自己做驴友攻略。近十年来，德国前往世界各地的游客直线上升。德国人十分节俭，决不爱攀比财富，但是一旦问起去哪度假，那是一个赛一个地厉害，还会把省钱的攻略做到极致。他查找这类信息的时候，面部展露出愉快又富有成就感的表情，嘴里发出哒哒嘟嘟的声音，一

会儿摇头,一会儿点头,然后郑重其事地公布他的判断与发现,比如某趟车没有空调,应该带上几块面包,中途在哪可以喝杯咖啡?车站有什么特点?停留时可干什么……以至于我强烈建议他写低收入公务员穷游指南,我来给他当此书的经纪人。

他还建议我乘坐一种廉价的长途汽车,这种汽车类似美国的灰狗,十分便捷。乘坐这样的交通工具,邻座遇到这些人类的概率十分高:叛逆青年、垮掉的一代、神经质艺术家、醉汉以及流浪汉甚至妓女。

"通常都很安全,不用担心。"他一再表示。

"我觉得他们虽然有些疯狂但具有秩序感,对乘坐德国灰狗我充满信心。"我回应道。

"不过,你要是预算宽松,还是不要坐了。反正你都漂洋过海了,再多花点钱没什么大不了的。现在,能够出门旅行的人都是有钱人,哈!"

真是颇有见地啊!

每周必须有一天我要独自待

自寻孤独是德国人的性情标配——柏林熊经常会遁入山林独孤求剑。孤独感与旅行是T主任养的两样"宠物"。尽管他表示做单身男狗时也会出没在章鱼村林深不知处的酒吧里,干些疯狂的事,但这并不妨碍他刻意寻求"孤苦伶仃"。有一次他提到自己周一到周日每天都在忙些什么。作为一个政府技术机构的高管,他只要上班,就会早上6点起床,下午5点以前不会离开办公室,除非是去联邦机构办事开会。这样的日程竟

然年复一年，持续了20年。可见异域衙门的官吏日程都高度雷同。不过，他的情况有点特殊，家在莱比锡，夫妻长期两地分居，是名副其实的周末夫妻。但T主任对此状态甚是满意，丝毫没有把老婆大人的户口迁来的意向。开个玩笑，柏林当然没有户口。每周四他要力求早点结束一周的工作，周五有时候不会到办公室，处理一些杂事后下午就奔莱比锡去。每天都要和夫人电话，极有可能是每天唯一定点供应的心灵鸡汤。据说德国人和意大利人用在给母亲大人打电话的时间之久是欧洲之最，但没有看到过确切的数据。有一次和他一起到在章鱼村的总部办完事，夕阳西下，他走向一棵椴树，在树下给夫人打电话。年过半百的身形接近土豆，一缕缕的金发在夕阳下闪烁着光芒，让我感觉到一种祥和与宁静。打电话这件事尽管很重要，还有一件事同等重要。土豆先生每周必须独处一天，你就是报人口失踪也找不到此人的踪迹，不知道上哪闭关修炼去了。

无孤独，非德系。

一夜之间我改变了国籍

由于T主任的临时住所离公寓不远，有时候我们能够结伴回家。刚到的第一个月，每次他都会安排不同的路线组合，让我充满着新奇感。有一次坐了趟地区火车，又接驳本地公交。下了车T主任进了一家鲜肉店买了2斤猪肉，好比我在北京坐了一段去天津的火车之后转了个朝阳区的公交，又蹬了半个小时自行车，车篮里放着一块大猪肉，到家直奔厨房。地区火车上的乘车环境还不错，空调在人多的时候也够劲，座位设计宽敞舒适，咖啡杯能把持得很稳当，意大利人也能边喝边拥抱，车里不少是城际通勤的背包客，这样的环境，不聊天真是可惜。和T主任混熟了后，就开始聊政治了。双方都很默契，绝不涉及政治新闻以及价值判断，遵循"5W"的新闻报道原则，就某条新闻进行交换；谈到政治人物时，对其某种个人特点互相做出精彩纷呈的点评，比如点评一下冯德莱恩的舞技，惊叹一下默克会说好几种语言，包括俄语。这让交流变得有趣又不受意识形态的干扰，互相保持尊重。只有一次，他提到柏林墙倒塌后对他产生的巨大影响，让我关切地感受到他是否受到了极为重大的精神影响。

他若有所思又带困惑地说："长到20岁，突然一夜之间要我变成西德人！"当年的他，一定需要一位心理医生。那表情就像电影《幸福终点站》里的男主角，一夜之间，国家政变，身份护照与签证在现有程序下全部失效。我该怎么办呢？

我讨厌星巴克

某日，看到某官媒报道，德国竟然是全世界多年人均饮用咖啡最多的国家！不过，星巴克在欧洲人心中的地位可真是低。尽管这里有很多肯尼迪迷，星巴克仍然不受待见。欧洲有深厚的咖啡文化传统，普通德国人在对待饮食问题上既节俭又不怎么讲究，星巴克的花式咖啡在T主任这把年纪的人更是难讨欢心，那些花里胡哨的做法简直就是自取其辱。"咖啡就是咖啡嘛，为什么要搞出那么多花样？还卖得死贵。"T主任是这样的认知。柏林喝一杯星巴克还真是不便宜，几乎找不到4欧元以下的品种。在意大利，星巴克开首家店的时间是2018

年。如果说有孤独感的德国人喜欢拿着外卖咖啡独自行走，那对于意大利人这种热爱社交的物种来说，拿着咖啡杯不能互相拥抱、行贴面礼、手指着天发誓，那可是对生活乐趣的泯灭。意大利人也有坚定的文化自信，还有人故意跑到星巴克偷杯子，认为此种咖啡过于劣质，偷杯子是为了表现文化的优越性。截至我离开柏林，欧盟成员国中属法国和德国的星巴克门店数量较多，分别有252家和154家，意大利大概40出头。

T主任的心里一定是这么想的：德国有面包店，法国有糕点咖啡馆，意大利人是expresso的鼻祖，英国有下午茶，星巴克，你来欧洲找不痛快吗？

吃Pizza的方法

民以食为天？在Jungfernheide研究所的员工餐厅吃顿午餐吧，感受一下德国的"天"吧。主食是：星期一，德式土豆炖菜；星期二，奶油意大利面；星期三，咖喱鸡肉饭；星期四，炸猪排配土豆球；星期五，意大利饺子。周末，关门。这是我依稀记得的某周菜单。种类就是每天一种主菜，配菜就是一小勺黏糊糊的东西，主配都会盛在一个大盘里，一个看上去像中世纪时就开始使用的笨重陶碗，会让人担心是否托盘被压垮。这些食物与19世纪的油画中普通人的餐食没有显著不同。有一位服务人员戴着简陋的围裙为你盛饭，很少遇到相貌英俊者，也从来遇不到戴高帽的大厨；服务人员每隔几天都在变，我一个也没认全过；大部分人都会对你毫无表情，偶尔遇到个慈祥者，笑容也很拘谨，牙缝里挤出来的；只有收银员很

固定，她经常对我板着脸，弄得我很苦恼。食物的分量倒是很足，我经常不好意思剩下；尤其是当遇到投盐量过多的时候，先四处打量一番，确认没有人冲我这边看，谨小慎微地用纸巾盖住，迅速地走到不起眼的厨余垃圾点倒掉。章鱼村的员工餐厅也丰盛不到哪里去，除了多了些按斤两称重的冷食凉菜，吸引人的就是门口斜坡上由前任副所长亲手种下的老葡萄藤，有点野趣，和章鱼村这样的地方氛围一致。天气好的时候，大家都集体出现在葡萄藤旁的太阳地里"野餐"。

这使得 Jungfernheide 地铁站小吃成为"改善"伙食的替代饮食。柏林的地铁与城铁进出十分方便，不用下地百尺，没有上天入地的与世隔绝感，往下稍走几步就到了站台，再来几个熟食快餐店，那是一种途中的精神慰藉，方便、便宜又温暖；三明治与面包，印度、土耳其与亚洲速食最常见，店主比员工餐厅的工作人员温暖多了。有一次，遇到个印度店主，向他问路，他竟然起身离开店铺带着我去地铁里的指示牌指路。要知道当时店里只有他一个人！不知道这是不是 T 主任也不爱在餐厅里吃饭的理由，比见那位收银员的苦瓜脸要舒坦百倍啊！他最爱吃地铁里的 Pizza，并郑重其事地说过：如果想吃到好吃的 Pizza，就在地铁里。他尤其提到，如果想体会 Pizza 最棒的吃法，请用一个纸盘托着它，手托着纸盘，走出地铁，绕向研究所的后方走去，那里有个小公园，坐在公共木椅上晒太阳，用手往嘴里塞；重点是晒！太！阳！有一天我主动要求和他体验这种吃法。等我们绕了一个大圈走到小公园门口时，pizza 已经凉透了，很不走运的是，公园竟然关门维修中，仅剩一面施工屏障高耸入云。顺着屏障往天空看，竟然看到一面新西兰

国旗高高飘扬！我当即拍了张照片发给新西兰的朋友，同时对T主人的午餐格局表示钦佩，这才叫以食为"天"啊！

这些"至理名言"是T主任对生活的各种主张。他心思十分细腻，热衷于对爱徒进行生活技能训练。他得知我拥有月票后千叮万嘱，"时刻带在身上！"某天，他塞给我一张名片："你就把我的名片带在身上，一旦遇到问题或者有人找你麻烦，你让人打这电话找我。"有一项最重要的训练任务是学会认地图。我在章鱼村住下后的前两周，每天下午除了忙着与科学家们见面外，就是跟他认地图。在他办公室的第一个下午，他就拿出一张柏林公交图，拉过一把椅子，郑重其事地请我坐下，教我认各种公交路线。每解说一条路线就强调一下："就是这么简单！"最后他在地图西南一处没有任何标识的空白处先画了一个圈，又在里面打了一个叉，"你看，你的公寓楼就在这个地方。"那时我还处于头重脚轻的时差混乱状态，他说的"简单"其实那刻在我脑海里是一团糨糊；至于公寓楼，更是尚未产生感情，根本不介意它在地图的哪个角落，净琢磨T主任怎么还不结束，姑娘要回去睡觉了！

临别前几日，我上T主任办公室溜达了一圈，依依不舍。在那张教我认地图的会客桌上放着一本泛黄的小书，尽管封皮是德语，它对于我仍然有高辨识度。

"这是《普罗旺斯的一年》吗？"我问道。

他颔首微笑，眼睛放着光，那表情好像在说——真是我的高徒啊，这也认得出。临走那日，他和夫人已飞去了非洲。助理转给我一个文件袋，打开一看，正是那本《普罗旺斯的一年》，更为惊喜的是，这是1989年的作者签名版。

21　一把钥匙惹的祸

8月下旬的某一个傍晚，惊魂未定的我，抓起一杯啤酒下了肚，开始与这群人中唯一一位能够讲流利英语的小兄弟Peter打开话匣子。一旁的"菩提"树，竟然开始落叶了，昨天正好是中华立秋之日啊。我开始向这群壮汉们普及关于节气的知识，Peter当翻译。壮汉们没有什么季节感，他们浑然不觉立秋的意义。当你的解说对象缺乏背景知识和认知经验时，你会感觉牛头不对马嘴。比如，我曾给众多的老外讲过某类书法作品好在哪里？国画怎么欣赏？为什么要写春联？留白是什么意思？瘦金体怎么欣赏等等，对方依旧浑然不觉是个宝贝。我恐怕需要用德国哲学来进行类比，而不是一厢情愿地表达我对王羲之的崇拜。有一次对老外讲解中国白酒的品质时，觉得那些中文说明实在焚琴煮鹤，索性就拿美国人最擅长的销售手法做比喻。当我把几款酒分成廉价经济舱、高级经济舱、超级经济舱、公务舱和商务舱时，对方豁然开朗，说我以后要喝公务舱和商务舱。你看，交流的问题就这样解决了！

这几个壮汉实在是硕壮，夜幕下秋风送爽，他们早就提前几天把各种酒放进社交屋的冰箱里冷藏，以供此时畅饮开怀畅饮。不过他们绝没有预料到我这个老外的意外闯入。就在半个小时前，我听着电台新闻愉快地收拾着行李，为出行做准备，计划把剩下的牛肉炖上，再喝两口香槟；并计划于炖牛肉之前，把床单塞进洗衣机，晾在屋里出差回来就干了……我抱着床单往外走，准备下楼去洗衣房，不知道是哪条新闻让我富有条理的逻辑思维突然中断，莫名其妙地我就把门给带上了。前一秒还在操心新闻中纷飞的战火，此刻我彻底傻了眼，似乎被炮火击中。

如果人生会犯错，绝不要犯下如此严重的错——在柏林，千万别把自己锁在门外！

5月30日摸黑抵达公寓时记忆立马被激活。这是当时与同事的对话：

"能多配把钥匙，放您家里吗？"

"绝不能。"

"您只给了我一把钥匙。"

"对，只有一把！"我俩似乎都在重复无用的话。

"那我要万一忘带了呢？"

"只能找房管员。不过房管员下了班就不会接电话。"

"那我该怎么办？

"那就睡我家吧！不过房管员要是去度假了，就麻烦了。"

"那要睡好多天直到房管员回来？"

"恐怕要找锁匠开锁。"

"多长时间能到？"

"1-2个小时之内。不过开一次锁200欧元。"我突然想起公寓指南中似乎提到有开锁服务。但这份指南没有出现在房间

以外的任何地方。

我顿时对自己恼羞成怒,七窍生烟。眩晕了一阵,突然反应过来手里还抱着要洗的床单。第一个拯救灵魂的计划是去研究所的门卫那先看看有没有备用钥匙,尽管公寓指南没有交代这一条。

往楼下走的时候,遇到了新搬进来的德国邻居帅哥 Wynn,考虑到门卫或者接下来我要接触的任何人都可能不讲英语,我请求他与我一同前往门卫。他欣然同意!

"我正好要出门,不过我要先回屋收拾一下。您在楼下等我,我 5 分钟后就下来。"

我抱着床单频频点头,想着此时他就是我的亲人。

"我来了!咱们可以走了。不过,你确认门卫有钥匙吗?"他突然想明白了。

"不确认。"

我看 Wynn 的表情仿佛上当受骗。

不过以其男人和地主家的尊严,他选择了忽视这个问题,大步流星地伴随着我,那表情就是"别怕,有我呢!"我颠颠地跟着。

果不其然,上了年纪、满头白发的保安一句英文也不讲。此时不知从哪冒出来一个壮汉在此处晃荡,估计也住在这一带,还带着一只体形硕大的狗,看上去像是晚饭前后出来遛狗,与保安又像是老友,同样不会讲英语。两人就我的问题开始进行表情严肃的交流,再加上热心肠的 Wynn,铿锵三人行。保安大叔先是打了几个电话,然后开始捣鼓所有他能找到的钥匙,拿起这个,放下那个;壮汉估计一辈子也遇不到几回

这样的事,在一旁叽里呱啦地支招;狗十分懂事地趴在一旁,充满同情地看着我,甚至伸出舌头想舔我。我异想天开地想,厨房的纱窗我一向开着;那纱窗基本也是摆设,一捅就破,要是这家伙能够钻进去,岂不是能够把我钥匙叼出来?此时我对那种脖子钥匙绳挂脖子或者钥匙扣挂腰间的办法简直就是顶礼膜拜。

大概半小时后,保安大叔给 Wynn 同志提供了一个电话号码,看到名字时我反应过来那是房管员 A 夫人。

"这是她的私人电话,我现在用我的手机帮你拨通。"Wynn 如获至宝。

拨了 5 回也打不通,Wynn 开始显得烦躁又气馁。我除了眨巴着我的大眼睛无计可施地看着他和狗。壮汉此时还在和保安热聊。谁说德国人不爱聊天?看看因为我的事,他俩都火热得像亲兄弟!我濒临绝望,已经开始思考开锁的问题。

终于,Wynn 的手机响了,A 夫人回拨了过来。

"好了,她说 45 分钟后就来。您这会儿可以回到公寓去等她。您是在楼门口,还是去社交屋?"

难道我要抱着床单,坐在楼梯上等?那也太凄凉了。

"去社交屋!"

"可是那里有一堆陌生人正在聚会,我也不认识这些人。我怕你会吓着或者不适应。"

"您可真是一位护花使者。这总好过坐在楼梯上,至少能找他们要一杯水喝吧。"

"那好,我和 A 夫人说一下,你就在社交屋里等她,不要离开。"

他又细心地陪伴着我走回公寓。我就这样与社交屋在此开派对的壮汉们邂逅。

"我能加入你们吗？因为我被锁在门外，正在等人给我送钥匙。"靠着Peter兄弟的翻译，我向壮汉D大叔要了一杯酒，说压压惊。

大叔哈哈大笑，"一杯酒？你开玩笑吗？我们都不用杯子喝。"

Peter找到一个脏兮兮的杯子，迅速地跑进卫生间打开水龙头冲了冲，这就算洗过了，由大叔给我斟满。杯身上脏痕斑斑点点，我欣然接过，一饮而尽。此时仅存2瓶捷克啤酒，壮汉们的烧烤派对进程已过半，只剩下动物骨头、炭火与纸盘，大家已经享用餐后酒了，不过，食物箱里仍然残留了几块鸡翅。

"你肯定还没吃饭，我给你烤鸡翅吧？"

"那真是美味佳肴！"

酒和菜继续上桌。我开始讲中国故事。

Peter竟然到过深圳。我顺便提到了我的食品安全工作，我请D大叔少吃猪肉，保护心脏。他哈哈大笑："别担心，我早已没有'心'了！"

柏林西郊的章鱼村，就这样没心没肺的人与被锁在门外等送钥匙的老外开始了快意人生。

我又注意到B壮汉的黑色T恤上的文字，问他是啥意思。

"是宝贝我爱你！我太太一共买了10件一模一样的，让我每天穿给她看，我照办。太太高兴，我就高兴！"

那表情无比享受，比起我听到的法国冷笑话要积极多了！

普罗旺斯当地人有个笑话,如果你被蝮蛇咬了,必须在45分钟之内赶到;不过要是女人被蝮蛇咬了,嘿嘿,死的可是蝮蛇……

更为惊奇的是,刚才那个在保安室里带狗出现的壮汉,此时竟然也出现了!

这消息传得很快啊,方圆5公里的人都赶来庆祝美好大结局。

还没来得及一一认识在座的各位,不到45分钟,A夫人出现了。我这才发现她的左脚打着绷带,她一瘸一拐地走向我。

这个体系的运行方式耐人寻味:这个公寓只有这一位房管员,我只能有一把钥匙,其余的备份钥匙只能被房管员拥有。我想起刚刚到达此地时荷兰人就和我说,这里一切都"够用",但"缺乏效率"。

"您连腿伤都不能避免被我骚扰,我深表歉意。您这情况至少得1–2个月才能好吧?"我说。

她的回应竟然是:"不打紧,很快就好了。我两周后就要去意大利度假了。"

"那我真是太幸运了!"我想想就后怕,又出了一身冷汗。

她走后,我去楼上换了件衣服,摸着浑圆的肚皮,决定下楼和壮汉们合个影。

第二天,我去了纽伦堡。无论如何,我也没有料到,又过了几天,我收到了T主任的邮件。

"我收到了一张照片,请欣赏!"T主任除了有外交天赋,还有朝阳群众的杰出才能。大概是壮汉中有人是T主任的朋友

——我立刻想起上次 T 主任在超市里买了 2 斤猪肉到公寓楼里说会个朋友，会不会就是他提着猪肉去见的兄弟出现在现场？

"他们都是电工和水管工。你可真棒啊！" T 主任在邮件里写道。

22　到纽伦堡串个门

"客座"接近尾声,尚有一项重要任务没有完成,去日耳曼国家博物馆。一想到餐厅里的服务员竟然知道蒋介石与宋美龄,我就汗颜,对满大街这种金发碧眼、身材高大的人种充满了探知欲,要求自己的历史知识水平至少要高于没有"客座"过的人吧?更不能将日耳曼与德意志概念互换。德国有一座专门为日耳曼语系设立的博物馆,"日耳曼国家博物馆",坐落于纽伦堡。我寻找着去探访它的机会。8月下旬,我终于等到了一个出差机会。

日耳曼人是古代蛮族的称呼,Deutschland 的英语释义应该是指"讲德语的这片热土啊",是对现代德国的称呼,在《新牛津》中被等同为 Germany。有趣的是,在现代德国形成之前,德国东部的很多讲斯拉夫语的部落把讲德语的人民视为"不能正确讲话"的野蛮。按照某百科全书的解释,日耳曼语言源自铁器时代时期的斯堪的纳维亚的原始日耳曼语,好比楚国方言被正统的中原称之为"鸟语"。将日耳曼语言视为"鸟语"的语言包括波兰语、捷克语、波斯尼亚语、匈牙利语,甚至还有乌克兰语。谁又能料当年连语言都被人嘲笑的蛮族,成了很多现代欧洲国家的老祖宗？所以欧洲人打起仗来特别像自家兄弟互掐。

不知道中文于何时把 Deutschland 翻译成"德意志"，但这种表达很传神，一副既严肃又坚强的国家形象跃然纸上。同济医院的翻译也是源于 Deutschland 的上海话谐音，取自"时局艰难，同舟共济"之意，更有中德合作是人间大义的气度。出发前，有一位有见识的华裔同事说，大概可以把日耳曼文化圈比喻为粤港澳大湾区，大家都讲粤语；连香肠都精细一些，牛肉与猪肉混合型，又白又小，我是吃不饱，哈哈！"吃货我听完就把提升历史修养的事情抛到脑后，立刻找来找关于这精细香肠的介绍。本以为就是个肠，能做出什么花样来？连打听带查阅资料，知道了"精细"是这样构成的：

- 白色，因为不经过熏制；
- 长 10 厘米左右，直径厚度约 4 厘米，重量不超过 25 克（小巧，一根吃不饱，据说台湾人开的便当店一份会卖 6 根，不提供酸菜和土豆）；
- 新鲜牛肉与腌猪肉剁碎，除了腌猪肉，整个肠无需再熏制，但也会加入内脏（新鲜是重点，内脏导致口味有点独特，所以能够理解香料和酸菜的重要性）；
- 肠衣是猪肠（考虑到肠衣最终要被扔掉，这或许更加经济实惠）；
- 必须有墨角兰的风味（嫩滑的海草味才算数）；
- 35% 的脂肪含量，但必须选取猪板油，就是猪身上紧贴着内脏部分的油脂，质地硬，熔点高，冷食口感较好（含有较高的饱和脂肪酸，战斗民族补充体力的神器）；

- 吃法上并不吃肠衣,要剔除肠衣,"吸"肉(这种肠有乳化的感觉,水分含量较高,所以说吃肉不如说吸肉,有点像汤包的吃法)。

德国有 1,500 多种自己都记不住的香肠,小白肠是最精细的一种。此外,以我从事的工作来看待这种肠,比其他富含亚硝酸盐的肠可健康多了。因为这种肠由于无需熏制,容易腐败,很多巴伐利亚人喜欢早餐或一天的头餐吃。富有仪式感,又讲究食材的新鲜。早上吃潮汕牛肉丸?那可是一天都浑身有劲儿!这种吃法还造就了一个德语单词:"白香肠赤道",以此来划分德国南部与非南部的文化边界。一顿地道的南德早餐是白肠+沾芥末酱+扭结饼+白啤。遇到德国人可以这样问,您打赤道哪边来?

回归正题。在纽伦堡忙完公事后花了 2 个半天的时间在日耳曼国家博物馆转悠。它创立于 1852 年,当时德国尚未统一,这显示了创建人的战略眼光。它拥有如下之最:德国最大的博物馆、德语区最大的博物馆、日耳曼民族的最大博物馆。其藏品数量有 120 万件,年代跨度 20 万年,两万五千件高品质展品被作为常设展品,亮点是文艺复兴时期是绘画、乐器、手工艺作品和家具。据说学术界对其展示方法非常认同,认为很适宜开展研究工作,每周三晚上还能免费入场。我于周四到达,只能买票。来之前某次下厨期间,收听了一个某电台关于法国巴黎奥运会的宣传节目,专门提供如何逛博物馆的各种策略,从中收获了一条十分适合我的建议。不要试图去做攻略,随性一点,关键是共情,与各种你已掌握的文化知识进行共情即可。俗人俗看,素人素看。此外,时间充裕的人,可以从某一个角度切入，选择一个属于自己的参观原点，溜一圈再回到此处，看看自己会感念何人何事？对于短期停留者，我每天只有4个小时，要看完120万件展品，意味着每秒我需要看83件展品。一眼不仅要千年还要万物！

这还不打紧，重要的是在超过2万平方米的博物馆里溜达，需要具有良好的体魄，擅长远足；如果和健谈的朋友在一起，恐怕会交流得口干舌燥；如果已经精疲力尽、不想立刻告别的话，还只能在出入口处供应能力有限的小型咖啡厅里排大队等上一杯饮料。不过，比起柏林的博物馆岛那种恢宏行走，小女子对这里的健步走很是适应。大部分展厅都是寥寥几人，我可以摆出各种放松的姿势，在某些长条凳上发发呆，不担心连胳膊肘都无法舒展开。在室内"气候"方面，有些地方会让我冷得直哆嗦，与室外冰热两重天；有些地方则热得让人莫名其妙，比如家具馆。这让我对贵馆的空调标准产生困惑。正好遇到一位帅哥当值，我看他一身长衫西裤，十分关切地说：

"这也太热了吧？这里没有空调吗，不怕家具给热变形了？"

"有空调，但我不知道为什么这么热。我也觉得热，可能是因为气候变暖吧！今年连鸟迁徙的日子都推后了一个月。"遇上知识如此渊博的工作人员，我都不知道该如何接茬。总之，体力上的准备一点也不能弱于心智的准备。我还喜欢穿得漂亮优雅一些，看上去不能像上车睡觉下车照相的游客，也不想被看成网红打卡者，毕竟是来提高历史修养的。尽管看到那些出片的陈设，也难免想留下倩影；在遇到类似埃及艳后半身像的藏品时，无法控制想与最知名的统治者同框的欲望。有时，突然对某种藏品产生了共鸣，情绪到达了某个高点，露出蒙娜丽莎的微笑，摆上姿势；最后，看到擅长拍摄的参观者，我就主动上前搭讪并趁机请他们为我留下倩影。

这座欧洲最大的博物馆藏品丰富而有趣，囊括古今德外，从粗糙的石器时代手工造到辣眼的现代艺术作品，从古怪的古代祭坛到眼熟的丢勒作品，从精致的乐器到复杂的地球仪，从浪漫的服饰和家具到救命的草药，从中古武器到手工制作的医疗器械，从历任统治者的茶具到清朝的观音瓷瓶。眼花缭乱，关于历史知识的词汇顿时掉线。如何能够在贫乏的知识面前"一眼千年又万物"，我相遇的各国人士有以下的建议：

德国人说："必须有所取舍，即便你可以连续7天都来看，也得取舍。丢勒、乐器和地球仪是最值得看的。"

法国人说："买票时随送的地图会告诉你每个展区的镇店之宝，那是打卡用的；你得找到自己的共鸣之物，就像谈恋爱那样。"

美国人说："10欧元的票价真的很值，你应该尽量多看最值钱的玩意儿。不过，看一看最古老的藏品不失为一种最好的选择，最陌生的也是最值得看的，比如中世纪的埋葬仪式。"

意大利人说："此处是遛娃的好地方。"

论游客数量，英国人到访此处最多，我竟然没能与英国绅士和淑女搭上讪。

德国友人带我去柏林博物馆岛的时候，也许总是在担心来自文明古国的我心中会泛起五味杂陈，所以总是小心翼翼地看着我说：这里很多藏品至今还在进行协商和谈判。这不是我的主业，也不想卷入到一些几辈子也扯不清楚的事。一方面，我

对其尊重我的民族感情深表谢意；另一方面，我认为随着斗转星移，不同时代的人认知会发生转变，比如20年前欧洲博物馆的工作人员大多认为，被掠夺的文物如果有了更好的归宿，也不失为一种方案；但现在文物讨要与归还的协商工作似乎都在世界范围内升级中。某些国家曾经混乱不堪的博物馆也发生了巨大的转变，世界各国对文物的保护工作水准都在提高。现在不仅PK文物是否有个更好的家，也会考虑文物在哪里能更好地影响受众？

此外，我总是不厌其烦地提醒亲朋好友，欧洲数百年来一直都在打仗，这个事实很容易被已经享有长期和平与稳定的我国人民所忽视。尤其是席卷全欧洲的两次世界大战，使得德国和很多欧洲国家的主要城市都在战争中几乎被夷为平地。欧洲很多文物随着战事颠沛流离，雕塑经常被砍头去肢，散落各处。在柏林博物馆岛看到雕塑，很多是组装货；德国人也不介意在图例文字中注明：此头部来自公元1世纪，此躯体来自18世纪；看多了，我也就开始对德国人"组装"文物的本领惊叹不已。用动态的眼光来看，我们的高铁在多年以后，也会是了不起的组装文物。

更为神奇的是，艺术气质的柏林人喜欢把各种古老的建筑改造为现代住所，我非常喜欢这种混搭融合气质，无机世界与有机世界被融为一体。比如穹顶和拱门是中世纪的石头，墙面则是现代的石灰加油漆；如果一场大火烧毁了城堡的一部分，那就因地制宜，遗迹被尽量融入现代设计中，德国人认为这好过全部毁掉重建，更具有教育意义和现身说法。柏林城中有几处被盟军轰炸过的教堂，受损严重，德国人不想重修，将残存

的建筑保护起来，接受络绎不绝的参观；一旁再建一个公众集会大厅，妥妥的当代市民活动大礼堂，作为遗迹的配套设施。这边的残存尖顶安静地高耸云霄，引导参观者灵魂出窍；那边的礼堂喧嚣热闹，举办着各种公众活动，两边的文化建设都不耽误。

疫情期间，无事可干的时候，我搞起了家装，逐渐发现自己有种特殊才能，即在无机世界里陈设有机物品，在有机世界里放置无机物品，真假难辨！其实中国文化中也有这样的"混搭"概念，比如盆景假山，一棵"老"树，在山石上开出了"花"，石头和树都是微观的真实，那朵假花引人进入虚幻世界。在艺术手法上，中德文化显示出高度的融通。这样的技能不仅仅是装扮一棵圣诞树那么简单。我曾暗暗为自己的这种"混淆视听"才能感到窃喜，到了章鱼村才知道柏林人才是这方面的天才！佩加蒙博物馆是个典范，尽管主馆正在修缮，要到2027年才开放，但全景展览（Pergamon Panorama）依然很震撼，有一种德式"混搭"的幽默感。它通过360度投影技术重现古代佩加蒙城的卫城、神庙与市集的场景，在陪同的德国朋友的指点下，我不仅观看了血淋淋的屠宰场面，沐浴着晨光和袅袅炊烟，也在泱泱人群中发现了一对现代旅游情侣，他俩身上挂着相机！"祭坛（Pergamon Altar）和米利都市场大门（Market Gate of Miletus）是用从土耳其运来的残片＋德国水泥修补的'巨型乐高'"，朋友补充道。

从章鱼村来到此处，我钦佩浴火重生的柏林和纽伦堡，不管他们怎么"偷梁换柱"，在经历浴火之后首先做出了深刻的反省，才会水到渠成地重生。在综合了各位德国朋友的建议后，我立刻做出决定，主攻乐器、古代医疗与地球仪。因为这些物件很难通过虚拟场景或者印刷品的介绍来展示其匠人之心与艺术效果，需要我在现场用匠人的心思去灵魂拷问它们是因何被创造出来。

22.1 开国元勋发明了口琴

常设的乐器展厅中有 500 多种乐器，基本上对照欧洲音乐从 16 世纪发展至今的历史。16 世纪管弦乐器与键盘乐器都已经十分发达，主要为宗教音乐服务，乐器的体积都十分庞大。但我印象极为深刻的一件乐器不是主流乐器，而是一种立式玻璃口琴，身形巨大，就像我外婆踩过的缝纫机！它的介绍令人惊奇——该乐器由美国开国元勋本杰明·富兰克林发明。我旁边的两个德国人，在现场啧啧称奇，交头接耳起来，大概是感慨政治家还有发明乐器的才华？英语介绍语焉不详，又通过对比德语介绍，明白了它的工作原理："它是一件玻璃口琴，这种口琴需要用脚踏板来助力发声。通过脚踩踏板，安装在同一轴上的几个玻璃碗就会开始运转。用湿润的手指触摸碗沿，会发出空灵的声音，声音可以变化。据说这种声音可以激发各种情绪状态，有时甚至会导致歇斯底里。磁疗师梅斯梅尔在治疗工作中使用了这种声音。"

据说，莫扎特曾为玻璃口琴作曲；黑格尔、席勒和歌德都写过关于玻璃口琴的文章。这令人感到困惑，分明是一件需要手脚并用的玩意，为何要称之为"口琴"？我特意找到瑞士室内乐团用这种口琴演奏的视频，还是找不到它与"口"的关系。后来我恍然大悟，现代玻璃口琴是它的后代，从嘴里向外吹气来代替用脚送风。至于介绍中提到的会导致人类"歇斯底里"？据说是因为过去玻璃制作的工艺不成熟，材料中含有大量的铅，使用者会产生中毒症状；它的音调又过于尖利、高调，演奏者有可能产生抑郁。大概是弹着弹着就想上吊自杀了。这可真是有点黑色幽默。

22.2 德国大宅门

另一个常设展厅"工艺品与医药馆"访客稀少，空调大开，精美的药房复刻屋令我产生了浓厚的兴趣。在德国化工产业形成之前，中德两国的药房对于治病救人的草药路数并没有产生明显的分水岭，甚至连"保健品"炼丹屋都用着一样的器械，炼金士集皇家御医、占星官、谋臣为一体。以至于我认为那个时候如果有互联网，中德人民之间的共同话语真是胜过任何国家。不过，过去的德国人开药房，好比今天开律师事务所，药店老板也要炫富，一张好木头造出来的高桌做柜台，搭配一张洛可可风格的豪华药品整理桌，草药在此处分拣，还得配上进口瓷器、珐琅容器、高档玻璃罐、锡质热水壶、镶金子的秤。今天很多德国的茶叶糖果铺都传承此风尚，使得游客对于家具与装饰品的兴趣大于商品本身。药剂师虽然是塑像，小胡子蓄得一丝不苟，漂亮的外套在昏暗的灯光中闪闪发亮。只是有点不解的是，心急如焚的抓药人此时难道还有心思顺便在此喝个英式下午茶，欣赏店主新进购入的洋玩意后再去煎药？展厅的灯光越来越昏暗，我感觉像走进了只有蜡烛在燃烧的修道院，诸如产钳接生工具、截肢锯骨工具在昏灯下若影若现,让人毛骨悚然。有一位骨瘦如柴的德国游客在此出现。由于展厅灯光有意调得十分昏暗,德国人又十分安静,我被他吓了一跳,以为幽灵党再现。我与幽灵先生进行了有限的英语交流,得知他不仅是一位素食者,还是一位只用草药为自己看病的"怪人",他的谋生之道是制作各种素食酱料在农夫市场上卖掉。我立马出现一副他推着小车的情景,小车上堆满了罐头,手写的标签价格要比超市贵上好几倍。不知道政府给不给补贴。他说这样既环保又省钱,还安全。我祝福幽灵先生的素食日子越过越好。

最后,我得以目睹德国版大宅门家族 Leinker 三代同堂的画像。英文介绍寥寥数语:"丹麦药剂师在 17 末离开丹麦前往纽伦堡定居。画面没有表达文化与历史主题,仅仅只是三代人一起围桌品尝咖啡,展示了当时富裕的中产阶级大家庭的咖啡爱好与生活时尚。"如果说我对日耳曼博物馆有什么意见的话,那就是对老外的文化背景知识与理解力过于高估。我强烈建议发展海外志愿者,对我这样来自友好国度的短租客给予培训,再配一个志愿者呼叫器,有求必应。对于这位 Leinker,英文世界也似乎不太在意,多方查阅到的英文资料只知道 L 先生在圣塞巴尔德教堂附近住下了,开启了德国新生活,创建了 Kugel 药房。如果想对 Kugel 药房的历史有所了解,英语搜索引擎中多半会向你展示这是一种犹太人的传统糕点,还有人叫它"剩面包"!

我在 L 君及后人经营的 Kugel 药房打了个卡。它位于教堂广场与博格街交汇的拐角处,历经 400 年仍在旧址附近营业。

小众一点的导游会偶尔带人前来一睹德国大宅门的风采,我立刻被药房标志吸引住,一条蛇在容器前挺立身躯。我蹭了旁边的一个私人导游团的讲解,几个意大利人围着一个英文导游,加上我,一群老外聚集在药房门口。大致听得该药房曾用蛇与草药制成了防瘟疫的灵丹妙药,可能是金蛇上榜的原因。实际上,蛇在西方的地位远高于龙,古希腊神话中代表"医者"的神灵阿斯克勒皮俄斯(Ascleplus)就随身带着他的蛇杖,这种神话起源对西方世界的医学文化影响深远:世界卫生组织的会徽、众多西方医学院的校徽都有一条蛇缠绕在一根木棒的图案,蛇身代表医神,木棒代表人体脊椎骨梁,缠绕其上的蛇在进行蜕皮,象征恢复与重生。考虑到即将来到的乙巳蛇年,我对着标志拜了拜,在万里之遥,向这种生灵表达了敬意。

在结束了对工艺品与医药馆的参观后,我还由衷地感受到,贸易、医药和艺术三者之间的距离并不遥远。15世纪草药就进入全球贸易体系,成为荷兰东印度公司和英国印度公司肥肉。18世纪,人参、檀香木、大黄在德国市场上已经很常见。荷兰人则凭借着商人基因成为药品经纪人,拍卖药材、定批发价格、舶来品定级、发布贸易新闻,还要负责维护买卖双方的关系;体面的药房环境提供了喝咖啡、谈生意的去处。广州则成为医药贸易的东方重镇和奢侈药材的起源地;德国"豪华药房"也需要具有艺术感召力;接续欧洲上流社会"中国热"的是逐渐兴起的中产阶级,对于东方艺术有种全新的渴望。这极大拓展了我对于15世纪跨国贸易的认知。

22.3 惨不忍睹的外销瓷

家具艺术展厅有中国元素,在此陈设着明清两代外销瓷与紫砂壶。我很快就发现了宜兴紫砂壶。这些紫砂壶花纹非常繁复,有浓烈的巴洛克风格,有的涂有金漆,大多数金漆已经脱落,当时宫廷有专门负责涂漆补漆的工匠。17世纪初,欧洲流传着"喝中国茶,用孟臣壶"说法,这是开放又擅长做生意的荷兰人进行市场营销的话术。据说从宜兴进贡给荷兰女王的礼单中有一把紫砂壶出自明朝天启年间制壶名家"惠孟臣",荷兰人巧妙地演绎了此壶的用途,尤其用其泡茶能产生妙不可言的香茗,使得欧洲皇亲贵胄对紫砂壶趋之若鹜,荷兰人自然是赚得盆满钵满。至于惠孟臣,中国文献则查不到此人的任何生平介绍,这是不是一出荷兰人自导自演的生意传奇,无从考证。展出的各款紫砂壶与今天我国普通百姓家用的几乎没有区别,颜色、形状和外饰更加符合欧洲当时的审美,尺寸更大。但外销瓷的做工和品相让人不忍直视,画面轮廓与线条十分粗糙,人形比例失调,色彩饱和度差,极为不均匀,作为常设展厅的藏品有些寒碜。当场就想向该馆建议,本人自愿留下做中国瓷器展的业余艺术顾问,该清理的一律清理掉。或许,纽伦堡在二战时受到严重损坏,导致中国好瓷器都流失殆尽,剩下的都是歪瓜裂枣?

我向四周看去,寻找可以展开讨论的人,仅仅只有一对德国父子是我的观友,那个向我提出"气候变暖"理论的帅哥早不知去向。我只好带着困惑离开了此展厅。大而全的日耳曼博物馆在瓷器收藏上完败。不过也有意外的收获,从章鱼村到纽伦堡，我发现了观音在人物瓷器中的崇高地位。在柏林夏洛滕堡宫里和此处，随处可见17和18世纪的中国陶瓷观音，明代出土的观音造像成为宠儿，相貌上呈现女相，眉慈目善，美丽端庄，散发着温柔的力量，完全符合我这个东方人的审美。不知道是不是硬朗好战的日耳曼人将其视为一种精神的慰藉呢？同时，我又发现不少演绎东方女性性觉醒的陶瓷作品。此处有一组以中国古代仕女与鸟为主题的类红陶作品，陶艺技法比较粗糙，生产日期标注为1750至1760年代，但故事场面颇为生动，有仕女开笼放鸟，有男仆为女主人收鸟回笼，两人四目相对，眉目传情；孤男寡女的情形，一看就懂。再配上介绍，真的不必为自己觉察了"对面二人"的异常感到不自在，比如：

"鸟和鸟笼在18世纪是极为受欢迎的性象征。"

"放飞小鸟意味着失去纯真。"

"一个炙热的求爱场面由此展示。"

"合上的遮阳伞、玫瑰园都指向此意。而将此景安放在亚洲，体现了当时贵族对东方异域文化的追捧。对于异域文明的高歌与幻想与色情渴望紧密地联系在一起。"

这显著拓展了我对于外销瓷的知识。

22.4 地球苹果

必须提的是地球仪。精美绝伦的贝海姆（Behaim）地球仪就摆在近代展厅的入口处，表达了对科学精神的极大尊重。售票处的老姐一再强调，尽管贝海姆地球仪显得光芒璀璨，夺人眼球，咱可不能说某个展品比另一个更重要。这个宝贝诞生

时曾被当时的民众称作"地球苹果",由马丁·贝海姆(地理学家与航海家: Martin Behaim, 1459~1507年)制作,所以叫贝海姆地球仪。这是世界上第一个地球仪,就在一周前,我在柏林图书馆看到了1530年的地球仪图片,北美洲和南美洲已跃然其中。Behaim地球仪的诞生时间说法有两种,一种是1490年,一种是1492年,区别是诞生时哥伦布是否发现了新世界?尽管有争议,这个地球仪还未标注新大陆是事实。但是,中亚、南亚和东亚以及整个非洲大陆很多国家都被标注。尽管它的准确度还有待改进,球体上面的铭文却催人奋进,彰显了早期德裔科学先知对科学的认知,它宣称:"世界是圆的,可以航行到任何地方。"

尽管德国人在航海大发现中不是主导国家,但对科学技术以及资本运作有着直接与间接的贡献。除了发明第一个地球仪外,航海指南、地图与探险日记都随着活字印刷的普及推动了欧洲人的地理探险热情。据说当时的托勒密世界地图都是德语版,而不是拉丁语版。因为1428年,消失多年的托勒密《地理学》的拉丁版本率先在德国出版;纽伦堡印刷商热衷于出版航海日记和地理著作,哥伦布书信与《马可波罗游记》德文版在日耳曼地区热销;开普勒的天体力学研究成为最早的GPS;银行家们则大量定投西班牙和葡萄牙王室,融资效果直接促进航海冒险。要不是30年的内战与过于分散的国家形态,世界历史也会改写。

23　咆哮的"力量"

1945年1月，英军的一次轰炸摧毁了纽伦堡90%的老城。10世纪以来，这座德意志皇帝的龙脉之地，不仅以玩具闻名，还以建筑、艺术和文化闻名，金色的半木质结构房屋在众多城市中显得格外光彩夺目。它也成了希特勒最喜爱的城市和纳粹党集会的地点。

从1933年到1938年，每年9月，纳粹党都要在这里举行为期一周的大规模集会活动。这期间最重要的就是希特勒的检阅。每次集会，至少有50多万人参加，多则上百万人。德国铁路部门会派出专列，把全国各地成千上万的纳粹分子和支持者送到纽伦堡。组织者还会在附近的草坪上搭起数百个大帐篷，供这些人暂时居住。在为期一周的时间里，纽伦堡到处都是身穿褐衫的冲锋队员和黑色军服的党卫军队员。集会在纳粹党的组织建设中有着极为重要的作用。纽伦堡集会的目的就是在精神上做总动员。美国记者威廉·夏伊勒曾经目睹过1934年集会，他在《第三帝国的兴亡》一书中这样写道："希特勒已经把德国人民身上长期压抑着的无可宣泄的动力发挥了出来。至于是为了什么目标，他在《我的奋斗》一书中和成百上

千篇演讲中已经说得很明白。"

在战后反纳粹的教育过程中，有许多参加过当年集会的人都对参加集会的经历"刻骨铭心"。有位德国记者这样写道，1933年的那次集会期间，他在纽伦堡火车站碰巧遇到了希特勒经过。希特勒走后，周围的人们仍迟迟不肯离去，他们兴奋地围在一起议论着看见元首的"幸福时刻"。只有旁边的一位妇女默不出声。那位妇女后来对他说："我来晚了一步，没能见到元首……"她说着说着就流下了眼泪。当时的法国大使也曾应邀参加过纽伦堡的活动。他后来回忆说，"那一周，整个纽伦堡从早到晚都沉浸在沸腾的热潮中。那是用语言无法表达的一种狂热，每一个参加者都怀着一种崇高的宗教感情。到处都是举着标语和旗帜的狂喜的人群。"

一名记者在听了希特勒的一次演讲后深受感染，她觉得那感受就好似"一股清泉从心中流过"。她带着100多人的摄制组、30多架摄影机来到纽伦堡。为了让纳粹的集会化为激发德国人战争精神的力量，她运用了自己的全部智慧与才干，完成了名为《意志的胜利》的纪录片。一位看过那部片子的比利时导演告诉我，即便是在希特勒的罪行早已得到清算的今天，那部片子依然具有一种强烈的蛊惑人心的宣传效果。不少新纳粹分子至今仍把这部片子作为必须接受的教育。

为了让集会上的希特勒发出符合工程学的咆哮，让50万人都受到情绪感染，希特勒选定了一位"最能理解元首意图"的设计师阿尔波特·施佩尔。这位曾在慕尼黑和柏林学过建筑的工程师也是因为听了希特勒的一场演讲，便被"特殊的魔力"深深吸引，成了纳粹党的一名忠实成员。施佩尔设计的所有在此期间的建筑都以宏伟、壮观为主调,以展现第三帝国的强大和永久。纳粹党代会的会议大厦完工后高达68.5米,外形犹如古罗马的斗兽场,能够容纳5万人,并规划了一条"宏伟大道",宽60米、长2公里,全部用1米见方的花岗岩石板铺成,还规划了号称世界最大的体育场——"德意志体育场",目标是——容纳40万观众,仅看台就高达100米。

广场的意义是什么?恐怕就是感受到一个人的语言力量。在章鱼村期间,正赶上拜登与特朗普的辩论。好几家国外媒体认为,在政客各种论调卷天下的时候,特朗普以其卓尔不群的不卷姿态,特立独行于政界。他最大的优势就是他大白话的影响力。有家媒体说:"首次辩论后,他看上去疯疯癫癫的,脑子都让人觉得有毛病,但他说出来的话就比拜登的能让老百姓接受,就是很接地气。"有人批判民主党的语言风格,就像一个不友好的网站界面一样,让人没有点进浏览的欲望,三下两下,扭头就走了。特朗普,以其"清新之风",卷走了美国中产阶级白种男性的心。

20世纪60年代,阅兵场看台后面的长廊摇摇欲坠,管理部门只好将其炸掉。再后来,四周用来安装探照灯的塔楼也塌掉了一半。如今的湖泊建在当年的体育场地基上。广场附近就是"纳粹集会地文献中心"展览区,阅兵场原先用来接待"元首"的大厅里设有永久性展览,主题是"迷惑与恐怖"。宣传册中这样写道:"致所有善良的人们,纳粹不仅因为有恐怖的一面,也有着一种足以让你神魂颠倒的吸引力,而恐怖的力量恰恰是通过这种迷惑力而得到的。"我在留言簿看到一段英语留言:"为什么那么多普普通通的老百姓会自觉地成为纳粹的追随者，会那么积极地参与惨无人道的大屠杀呢？站在当年希特勒检阅纳粹党徒的台子上，想象一下那疯狂的咆哮场面，也许就不难为这个问题找到答案了。"

的确，一旦到达了广场，参观者就会意识到广场的"重要性"，这就是希特勒发表90分钟咆哮的地方。站在广场环看四周，难以置信这种咆哮对于民众发生了如此深入骨髓的影响。现在，这处曾给世界带来深重灾难的地方，被餐馆、公园和湖泊所包围。我想，在刚刚经历了看展的巨大视觉冲击后，能够在周围的绿地与湖泊静静地坐一会儿，想一想人类还有这样的至暗时刻，比起马不停蹄奔向下一个网红打卡要更加有意义。在回国的航班上我特意重温了《至暗时刻》，丘吉尔蹲在马桶上向罗斯福借船的那一刻，说希特勒此刻正在咆哮，铁蹄遍地，你得有所行动吧？

参观结束时，我站在窗边，整理了一下沉重的心情。展厅里还有卢旺达大屠杀的介绍，循环播放着一位联合国官员的演讲，有一句话我深以为然："种族歧视根深蒂固。因为不喜欢一种异己的事物或生灵，产生了要灭掉的欲望，这样的意念从古至今就一直存在，并导致结为宿敌，冤冤相报。"

后　记

2024年5月至8月期间，应德国某联邦研究机构邀请，我作为客座科学家（Guest Scientist）前往该机构从事了三个月的食品安全相关研究工作，住在柏林西南郊的Marienfelde（马林菲尔德）。由于疫情、地缘政治等原因的影响，我从项目申请到最终成行经历了四年之久，德国友人调侃我是"空前绝后"的"客家"。等所有的公派出国手续办完后，我已萌生"罢去"之意。成行之后，我发现自己心灵产生了某种变化，愿意以更为开放的心态融入当地生活中，观察德国的社会现象和当地人的生活状态。在完全不同的维度上思考人与社会之间的关系，很多深埋于心底的感受被"此时此景"触发。于是，回国后，每天零敲碎打地写成了文字。

在写书的过程中，写作的机缘常常漂浮不定；灵光乍现的那刻，总是错过。如果有24小时的AI人机接口在线，我会即刻形成文章。有一次，半梦半醒的飞行中想到了一个绝好的表述，却又困意重重，就懒懒地对自己说，过一会儿静下来一定能回忆起来，事后却怎么也复刻不出来了。还有一种有趣的体验，每个部分的写作过程有点像拍电影，穿梭在不同的摄影棚之间；上午还在拍风景，下午又去拍人文；故事有线索，但制作的过程很穿越，完全取决于记忆在哪一刻会重现；最后，当不同时刻的记忆发生化学反应的时候，确有一种醍醐灌顶的畅快！

在AI技术迅猛发展的时代，机器已经具有学习能力，能够建立底层逻辑，进行深度思考，AI for Science的概念深入人心，有些自然科学的底层逻辑在逐渐被刷新，科学发明与发现的进程显著加快，但人文与社会科学没有因此产生革新。比如，我的老父亲在日常生活中仍然会引用古训来教导我。我在德国与人文及社会科学领域的学者交流的时候，他们也有同感。比起在意人与人、人与社会的关系，大家似乎更热衷于思考人与机器的关系；路人甲乙都在刷手机，连自己的存在都视而不见。我们缺少优秀的哲学家、艺术家、社会学家、人类学家、心理学家……他们搞的学科甚至不被当作"科学"。这本书更像一部田野调查，又或许是镜中投射的自我，通过在陌生的环境中窥见他人，与自己对话。如何优雅老去，如何面对死亡，这些问题我都有所思考，希望给读者带来一些正能量，促使更多的人超越认知边界。生而为人，必须思考、阅读与写作，我感觉这似乎应该是作为人类的责任。

此书付梓之际，对支持与鼓励我写作的家人与挚友致以爱与敬意；对出版社给予的帮助致以感谢；著名作家华静老师认真审读了书稿，并给了我一个厚重的《序》。我爱你们！